Pierre Corneille

Der Cid

Drama in fünf Aufzügen

Übersetzt von Malwine, Reichsgräfin von Maltzan

Pierre Corneille: Der Cid. Drama in fünf Aufzügen

Übersetzt von Malwine, Reichsgräfin von Maltzan.

Erstdruck: Paris (Courbe) 1637.

Neuausgabe mit einer Biographie des Autors
Herausgegeben von Karl-Maria Guth
Berlin 2016

Der Text dieser Ausgabe folgt:
Corneille, Pierre: Der Cid. Übers. v. Malwine Gräfin Maltzan, 21.–25.
Tsd., Leipzig: Phillip Reclam jun., 1945.

Die Paginierung obiger Ausgabe wird hier als Marginalie zeilengenau
mitgeführt.

Umschlaggestaltung von Thomas Schultz-Overhage unter Verwendung
des Bildes: Camille Corot, Der Ritter, 1868

Gesetzt aus der Minion Pro, 11 pt

Verlag: Henricus - Edition Deutsche Klassik GmbH
Mörchinger Str. 33, 14169 Berlin, info@henricus-verlag.de
Druck: Libri Plureos GmbH, Friedensallee 273, 22763 Hamburg

Die Ausgaben der Sammlung Hofenberg basieren auf zuverlässigen
Textgrundlagen. Die Seitenkonkordanz zu anerkannten
Studienausgaben machen Hofenbergtexte auch in wissenschaftlichem
Zusammenhang zitierfähig.

ISBN 978-3-8430-8488-8

Bibliografische Information der Deutschen Nationalbibliothek

Die Deutsche Nationalbibliothek verzeichnet diese Publikation in der
Deutschen Nationalbibliografie; detaillierte bibliografische Daten sind
im Internet über www.dnb.de abrufbar.

Personen

Don Ferdinand, erster König von Kastilien

Donna Urracca, Infantin von Kastilien

Don Diego, Vater Rodrigos

Don Gomez, Graf von Gormas, Chimenens Vater

Chimene, Don Gomez' Tochter

Don Rodrigo, Chimenens Geliebter

Don Sancho, Chimenens Liebhaber

Don Arias,
Don Alonso, kastilianische Edelleute,

Leonore, Erzieherin der Infantin

Elvira, Erzieherin Chimenens

Ein Edelknabe der Infantin

Der Schauplatz ist Sevilla.

Erster Aufzug

Erster Auftritt

Chimene. Elvira.

CHIMENE.
War dein Bericht wahrheitsgetreu, Elvira?
Verschweigst du nichts mir, was mein Vater sprach?
ELVIRA.
Ich bin noch ganz entzückt davon; er achtet
Rodrigo ebenso, wie Ihr ihn liebt,
und wird Euch, les' ich recht in seiner Seele,
befehlen, daß Ihr dessen Flamme teilt.
CHIMENE.
Sag mir, ich bitte dich, zum zweiten Male,
weshalb du meinst, er bill'ge meine Wahl;
künd mir aufs neue, was ich hoffen darf,
nicht oft genug hört man so süße Worte;
zu oft verheißen kannst du unsrer Liebe
die süße Freiheit nicht, ans Licht zu treten.
Was sagt er zur geheim bei dir versuchten
Bewerbung Don Rodrigos und Don Sanchos?
Verriet'st du nicht, daß ich, ungleich gesinnt
den beiden Freiern, mich dem *einen* neige?
ELVIRA.
Nein, Euer Herz sei, sagt' ich ihm, so ruhig,
daß keiner hoffen noch verzweifeln dürfe,
daß, sie zu streng nicht noch zu mild betrachtend,
Ihr bei des Gatten Wahl nur dem Befehl
des Vaters harrt. Er war entzückt von dieser
Ehrfurcht und tat mir's kund durch Wort und Miene.
Hört denn, da ich's Euch wiederholen soll,
was er in Eil' von Euch und ihnen sagte:
»Sie hat ganz recht, denn ihrer wert sind beide;
beide, von edelm, tapferm, treuem Blut,
sind jung, doch spricht aus ihren Augen deutlich

der tapfern Ahnen glänzendes Verdienst,
besonders Don Rodrigos Antlitz zeigt
durch jeden Zug, das Abbild eines Helden,
und einem Haus entsproß er, reich an Kriegern,
daß gleichsam unter Lorbeern sie geboren;
galt seines Vaters Tapferkeit, ohngleichen
zur Zeit, da er bei Kraft, doch fast als Wunder,
und jetzt noch künden, was er einstmals war,
die Furchen seiner Stirn, die Taten gruben.
Vom Sohn hoff' ich, was ich vom Vater sah,
kurz, mir gefällt es, liebt ihn meine Tochter.«
Darauf ging er zum Rat, die Stunde drängte,
und schnitt die Rede, kaum begonnen, ab;
doch schien es mir nach diesen wen'gen Worten,
daß zwischen Euern Freiern er nicht schwankt.
Einen Erzieher muß für seinen Sohn
der König wählen; *ihn* trifft wohl die Ehre,
und zweifelhaft kaum ist die Wahl; auch duldet
nicht Mitbewerbung seine Tapferkeit.
Wie seine Taten ohnegleichen, findet
sein Hoffen auch wohl keinen Nebenbuhler;
und da nun Don Rodrigo seinen Vater
bestimmt, beim Heimweg aus dem Rat dem Euren
die Sache vorzuschlagen, urteilt, ob
die Zeit er nützte und Ihr hoffen dürfet.
CHIMENE.
Und dennoch ist's, als weig're meine Seele
der Freude sich, und sei dadurch bedrückt.
Des Schicksals Antlitz ändert sich oft plötzlich:
In großem Glück befürcht' ich großes Leid.
ELVIRA.
Ihr werdet sehn, daß diese Furcht Euch täuschte.
CHIMENE.
Laß uns, wie dem auch sei, des Ausgangs harren.

6

Zweiter Auftritt

Die Infantin. Leonore. Ein Edelknabe.

DIE INFANTIN.
Geht zu Chimene, ihr zu sagen, daß
sich ihr Besuch etwas zu lang verzögert,
und meine Freundschaft ihrer Trägheit grollt.

Dritter Auftritt

Die Infantin. Leonore.

LEONORE.
Derselbe Wunsch drängt täglich Euch, Prinzessin,
und täglich, sprecht Ihr sie, hör' ich Euch fragen,
wie es mit ihrer Liebe sich verhält.
DIE INFANTIN.
Nicht ohne Ursach. Zwang ich sie doch fast,
ihr Herz dem Pfeil, der es verletzt, zu bieten.
Sie liebt Rodrigo – ich führt' ihn ihr zu,
und *ich* auch brach Rodrigos stolze Kälte.
Da *ich* das Liebesband also geknüpft,
seh' ich das Liebesleid auch gern geendet.
LEONORE.
Doch trotz des günstigen Erfolgs, Prinzessin,
zeigt Ihr die tiefste Traurigkeit. Erweckt
die Liebe, welche dieses Paar beseligt,
solch bittern Kummer Eurem großen Herzen?
Und macht der große Anteil, den Ihr nehmt,
Euch elend, da sie glücklich sind? Doch gehe
ich wohl zu weit und werde unbescheiden.
DIE INFANTIN.
Verheimlicht drückt verdoppelt mich mein Gram.
Vernimm, vernimm denn endlich, wie ich kämpfte:
Schilt meine Schwachheit, lobe meine Tugend!
Der Liebe Tyrannei verschont kein Herz:
Den Ritter, dessen Liebe ich verschenkte –
lieb' ich.

LEONORE.

Ihr liebt ihn!

DIE INFANTIN.

Fühle, wie mein Herz
bei seines Siegers Namen klopft und bebend
ihn anerkennt!

LEONORE.

Verzeiht, Prinzessin, wenn
ich sonder Schonung diese Liebe tadle.
Wie! Diesen Ritter zum Geliebten wählen!
So weit vergißt sich eine große Fürstin!
Was würd' Kastilien, was der König sagen?
Bedenkt Ihr auch wohl, wessen Kind Ihr seid?

DIE INFANTIN.

Ja, ich bedenk' es, und würd' eh'r mein Blut
vergießen, als verleugnen meinen Rang.
Wohl könnt' ich dir entgegnen, schönen Seelen
weckt *nur Verdienst* mit Recht der Liebe Glut;
und suchte mein Gefühl Entschuld'gung, dienten
tausend bewährte Beispiele dazu:
doch folg' ich solchen nicht, gilt es die Ehre.
Wie stark die Liebe – stärker ist mein Mut.
Lehrt edler Stolz mir doch, der Königstochter
ist jeder unwert, der kein Herrscher ist.
Als ich mein Herz zu schwach fand zur Verteid'gung,
verschenkt' ich selbst, was ich nicht wagt' zu nehmen,
und knüpfte, statt an mich, ihn an Chimene:
Zu dämpfen *meine* Glut, schür' ich die *ihre*.
Drum staune nicht, daß mein gequältes Herz
voll Ungeduld ihrer Vermählung harret;
du siehst ja, meine Ruh' hängt davon ab.
Lebt von der Hoffnung Liebe, stirbt mit ihr sie,
ein Feuer, das, fehlt Nahrung ihm, erlischt.
Und – ob auch hart mein Los – gehört Rodrigo
Chimenen erst auf ewig als Gemahl,
ist tot die Hoffnung und mein Herz genesen.
Doch leid' ich namenlose Qual, denn ach,
bis er vermählt, ist mir Rodrigo teuer:

Ich streb', ihn zu verlieren, und verliere
ihn ungern – *das* ist mein geheimer Gram.
Verzweifelnd seh' ich, daß mich diese Liebe
nach *dem* zu seufzen zwingt, was ich verschmähe!
Geteilt ist meine Seele in zwei Hälften –
wie stolz mein Mut –, doch glüht mein Herz. Ich fürchte
und wünsche den für mich unsel'gen Bund –
ich hoff' darauf –, doch mit geteilter Freude,
und weil mir Lieb' und Ehre teuer, muß
ich sterbe – ob er sich vollzieh' – ob nicht!

LEONORE.

Darauf, Prinzessin, hab' ich nichts zu sagen,
als, ich beseufze mit Euch Euer Leid,
erst tadelte, doch jetzt beklag' ich Euch.
Allein, da in so schmerzlich süßem Wehe
die Tugend seinen Reiz und seine Macht
bekämpft, dem Sturme wie dem Zauber trotzet,
gibt sie Euch endlich wohl die Ruh' zurück.
Vertraut ihr und der Zeit, hofft auf den Himmel,
der zu gerecht ist, als daß er die Tugend
so herbe Martern lange dulden läßt.

DIE INFANTIN.

Mein liebstes Hoffen ist, nichts mehr zu hoffen.

Vierter Auftritt

Die Infantin. Leonore. Ein Edelknabe.

DER EDELKNABE.

Chimene ist, wie Ihr befahlt, erschienen.

DIE INFANTIN *zu Leonore.*

Geht, in der Galerie sie zu begrüßen.

LEONORE.

Und Ihr wollt hier in Träumerei verharren?

DIE INFANTIN.

Nein, nein, ich will mich mühn, trotz meines Kummers,
ein wenig meine Miene zu erheitern;
dann folg' ich Euch.

Fünfter Auftritt

DIE INFANTIN.
 O Himmel! Du, von dem
 ich Heilung hoffe, setze meinen Qualen
 ein Ziel! Wahr meine Ruh', wahr meine Ehre!
 In *andrer* Glück erblüh' fortan mein Glück.
 Gleich wichtig für uns drei ist die Vermählung;
 Laß sie beschleun'gen – oder mach mich stärker!
 Dies Paar vereinen durch der Ehe Band,
 heißt mich erlösen, meine Marter enden.
 Doch säum' ich allzulang wohl; fort, Chimene
 zu sprechen und die Pein dadurch zu lindern!

Sechster Auftritt

Der Graf. Don Diego.

DER GRAF.
 Genug, Ihr siegtet, und des Königs Gunst
 erhebt zum Rang Euch, welcher *mir* gebührte,
 zum Hofmeister des Prinzen von Kastilien.
DON DIEGO.
 Die meinem Haus erwiesne Ehre zeigt
 der Welt, daß er gerecht ist, und verkündet,
 wie frühre Dienste er zu lohnen weiß.
DER GRAF.
 Wie groß die Könige auch sind, sie können
 so gut wie wir und alle andren irren;
 denn diese Wahl beweist dem Hofe, daß
 sie gegenwärt'ge Dienste schlecht bezahlen.
DON DIEGO.
 Nichts mehr von einer Wahl, die Euch verdrießt,
 ob sie durch Gunst bestimmt, ob durch Verdienste,
 man schuldet doch der höchsten Macht die Achtung,
 nicht zu bekritteln, was ein König will.
 Fügt zu der Ehre, die er mir erzeigt,
 noch eine andre: Eint mein Haus dem Euren
 durch heil'ges Band! Rodrigo liebt Chimene;

sie, des so wert, ist seiner Wünsche Ziel.
Drum willigt ein, Herr Graf, nehmt ihn zum Eidam!
DER GRAF.

Gebührt der höchste Anspruch doch Rodrigo,
und Eurer neuen Würde Glanz muß ja
sein Herz von anderm Stolze schwellen machen.
Übt Euer Amt, Herr, unterweist den Prinzen;
zeigt ihm, wie man Provinzen muß beherrschen;
wie man die Völker ringsum zittern macht;
den Guten Liebe, Furcht den Bösen wecket.
Dazu fügt eines Feldherrn Tugenden:
Lehrt ihm, wie man Beschwerden trägt, im Handwerk   10
der Waffen unerreichbar wird: wie man
zu Pferde aushält Tag und Nacht; gerüstet
kann schlafen, wie man Festungen erstürmt
und in der Schlacht sich selbst den Sieg verdanket.
Bekehrt durch Euer Beispiel ihn, und trachtet
zu tun vor seinen Augen, was Ihr lehrt.
DON DIEGO.

Durch Beispiel, trotz dem Neid, sich zu belehren,
les' den Bericht er meines Lebens; sehe
aus langer Schildrung schöner Handlungen,
wie man die Völker unterwirft, ein Heer
befehligt, Festungen angreift und sich
durch Heldentaten seinen Ruhm begründet.
DER GRAF.

Weit größer ist *lebend'gen* Beispiels Macht.
Ein Fürst lernt schlecht aus Büchern seine Pflichten;
und was denn tat der Jahre hohe Zahl,
dem nicht eins meiner Tagewerke gleichkommt?
Wart Ihr einst tapfer, so bin ich es heut,
und dieser Arm ist jetzt des Reiches Stütze.
Granada bebt, wie Arragonien, blitzet
dies Schwert; Kastilien dient als Wall mein Name;
bald – ohne mich – gehorchtet Fremden Ihr,
und sähet Eure Feinde hier als Herrscher!
Täglich, ja augenblicklich wächst mein Ruhm,
Lorbeer auf Lorbeern, Sieg auf Siege häufend.

Der Prinz würd', mir zur Seite, seinen Mut,
von mir beschützt, erproben in der Schlacht;
mich siegen sehend, würd' er siegen lernen.
Und seinem hohen Sinn flugs zu entsprechen,
seh' er –
DON DIEGO.
Ich weiß, Ihr dient dem König trefflich;
Ihr kämpftet und befehlt ja unter mir,
und nun das Alter. Eis in meine Adern
geflößt, ersetzt mich Eure Tapferkeit.
Kurz, überflüss'ge Worte zu ersparen,
Ihr seid *heut*, was ich *ehmals* war; allein
Ihr seht, in diesem Falle weiß ein König
wohl Unterschied zu machen zwischen uns.
DER GRAF.
Was ich verdiente, truget Ihr davon.
DON DIEGO.
Der, den man vorzog, mußt' es *mehr* verdienen.
DER GRAF.
Der *Fähigste* ist auch der *Würdigste*.
DON DIEGO.
Dann ist Zurückweisung kein gutes Zeichen.
DER GRAF.
Ihr habt als alter Hofmann drum geworben.
DON DIEGO.
Fürsprecher war nur meiner Taten Glanz.
DER GRAF.
Sagt, daß der König Euer Alter ehrte!
DON DIEGO.
Als Maßstab nahm dabei den Mut der König.
DER GRAF.
Deshalb ziemt diese Ehre *meinem* Arm.
DON DIEGO.
Wem sie versagt ward, hat sie *nicht* verdient.
DER GRAF.
Wie? *Nicht* verdient? Ich?
DON DIEGO.
Ihr.

DER GRAF.
Hab' deine Kühnheit
denn ihren Lohn, du unverschämter Greis.

Er gibt ihm einen Backenstreich.

DON DIEGO *zum Schwert greifend.*
Vollende! Töte mich nach diesem Schimpfe,
dem ersten, ob den muß mein Stamm erröten!
DER GRAF.
Was denkst du, schwacher Alter, zu beginnen?
DON DIEGO.
Gott! Alle Kraft verläßt mich in der Not?
DER GRAF.
Dein Schwert ist mein! Doch macht es dich nur eitel,
trüg' meine Hand solch schmachvoll Siegeszeichen.
Leb wohl! Laß die Geschichte deines Lebens,
dem Neid zum Trotz, den Prinzen lesen, sich
zu unterrichten! Nicht geringe Zier
verleiht ihr wohl der frechen Rede Zücht'gung!

Siebenter Auftritt

DON DIEGO.
O Wut! Verzweiflung! O du feindlich Alter!
Lebt' ich so lange nur, beschimpft zu sein?
Und bleichten Schlachtenmühn mein Haar nur, daß ich
an *einem* Tag seh' so viel Lorbeern welken?
Mein Arm, den Spanien voll Bewundrung ehrt,
mein Arm, der dieses Reich so oft gerettet,
so oft befestigt seines Königs Thron,
verriet mich, tat nichts für mich selbst! O grausam
ist die Erinnerung an meinen Ruhm!
So vieler Jahre Werk an *einem* Tage
zerstört! Du für mein Glück unsel'ger Rang,
Abgrund, der meiner Ehre Glanz verschlungen,
soll ich den Grafen dein sich freuen sehn?
Ohn' Rache sterben oder schmachvoll leben?
Sei denn Erzieher meines Prinzen, Graf!

12

Solch hohe Würde ziemt nicht dem Entehrten;
dein Neid wußt' ihrer unwert mich zu machen,
des Königs Wahl zum Trotz, durch diesen Schimpf,
und, meiner Heldentaten glorreich Werkzeug,
nutzlose Zier des eiserstarrten Körpers,
Stahl, einst so furchtbar, der in dieser Schmach
mir nur als Schmuck, nicht zur Verteid'gung diente,
fort vom Elendesten der Sterblichen!
In beßre Hand geh über, mich zu rächen!

Achter Auftritt

Don Diego. Don Rodrigo.

DON DIEGO.
  Rodrigo! Hast du Mut?
DON RODRIGO.
  Ein andrer wie
  mein Vater säh' gleich Proben!
DON DIEGO.
  Schöne Wallung!
  Süß meinem Schmerz ist diese Heftigkeit.
  Solch edler Zorn läßt mich mein Blut erkennen;
  in dieser Glut lebt meine Jugend auf.
  Mein Sohn! Mein Blut! Auf! Tilge meine Schande!
  Auf! Räche mich!
DON RODRIGO.
  Wofür?
DON DIEGO.
  Für einen Schimpf,
  der tödlich ist für unser beider Ehre,
  für einen Backenstreich! Er mußte sterben,
  der Freche! Doch das Alter trog mein Wollen,
  und diesen Stahl, für den mein Arm zu schwach,
  geb' deinem ich, zu rächen und zu strafen.
  Erprob an einem Stolzen deinen Mut,
  mit Blut allein wäscht solchen Schimpf man ab.
  Stirb oder töte! Ohne Schmeichelei,
  ich geb' dir einen fürchterlichen Gegner.

13

Ich sah ihn, blutbedeckt, im Schlachtgewühl
sich einen Wall von tausend Toten bilden.
DON RODRIGO.
Sein Name! Zeitverlust sind leere Worte!
DON DIEGO.
Noch mehr: Es ist der *tapferste* der Krieger
nicht nur, der Feldherrn *größter* nicht allein;
es ist –
DON RODRIGO.
Vollendet! Wer?
DON DIEGO.
Chimenens Vater.
DON RODRIGO.
Er –
DON DIEGO.
Schweig! Ich kenne deine Liebe. Doch,
unwert des Lichts ist, wer entehrt kann leben.
Je teurer der Beleid'ger, um so schwerer
ist die Beleidigung. Du kennst den Schimpf,
dein ist die Rache. Nichts mehr sag' ich. Räch mich!
Räch dich! Zeig, würd'ger Sohn, dich eines Vaters,
wie ich es bin! Gebeugt vom Unglück, geh' ich,
es zu beweinen. Fort! Eil, uns zu rächen!

Neunter Auftritt

DON RODRIGO.
Ich steh' erstarrt, ins tiefste Herz
von unverhofftem bitterm Weh betroffen,
elender Rächer so gerechter Sache,
so ungerechter Härte Gegenstand;
und es erliegt die schmerzensmatte Seele
dem tödlich schweren Schlage.
So nah war ich, mein Glück gekrönt zu sehn!
O Gott, welch herbes Leiden!
Schimpflich gekränkt mein Vater – und es ist
dein Vater, der ihn so gekränkt, Chimene!
    In meinem Innern – welcher Kampf!

14

Die Liebe wird zum Gegner meiner Ehre,
den Vater muß ich rächen, die Geliebte
verlieren! Er schürt meinen Mut, und *sie*
hält meinen Arm. Verrat an meiner Liebe
oder ein ehrlos Leben
bleibt mir zum Wahl – und beides trag' ich nicht!
   O Gott, welch herbes Leiden!
Soll ungestraft den Schimpf ich lassen? Soll
ich deinen Vater strafen, o Chimene?
Pflicht, hart und edel, holder Zwang!
O Vater! O Geliebte! Ehre! Liebe!
Tot alle Freuden – oder hin die Ehre –
Elend macht *dies – jenes* unwert des Lichts!
Grausame, teure Hoffnung meiner Seele
voll Mut, doch auch entflammt von Liebe,
du meines höchsten Glückes würd'ger Feind,
Stahl, Ursach' meiner Leiden,
gab, daß die Ehr' ich räche, man dich mir?
Oder daß mir durch *dich* geraubt Chimene?
   Eh'r ziemt es, in den Tod zu gehn.
Ich schuld' es der Geliebten wie dem Vater.
Ihr Haß, ihr Zorn trifft mich, wenn ich mich räche –
verachten muß sie mich, räch' ich mich nicht!
Eins macht mich treulos meiner liebsten Hoffnung,
ihrer unwert das andre!
Mein Leiden wächst, da ich es heilen will;
alles vermehrt die Qualen!
Auf, meine Seele! Da ich sterben muß,
sterb' so ich, daß du nicht gekränkt, Chimene!
   Sterben, bevor ich mich gerächt!
Solch Ende, tödlich meiner Ehre, suchen?
Dulden, daß Spanien mein Gedächtnis schmähe,
weil meines Hauses Ruhm ich schlecht gewahrt?
Für eine Liebe, welche meine Seele
doch als verloren muß betrachten!
Hinweg Gedanke, der mich schmeichelnd lockt,
doch meinen Gram nur nährt!
Auf! Auf mein Arm! Rett mindestens die Ehre,

da ich dich doch verlieren muß, Chimene!
  Ja, meine Seele war verirrt:
Dem *Vater* schuld' ich mehr wie der *Geliebten*,
und, ob im Kampfe, ob aus Gram ich sterbe,
rein, wie ich es empfing, fließ' hin mein Blut!
Schon schelt' ich mich, daß ich zu träg gewesen.
  Zur Rache! Auf! Zur Rache!
Und, tief beschämt, daß ich also geschwankt,
mach' es mir keine Sorge,
daß, da mein Vater heut so schwer gekränkt,
der ihn gekränkt, *dein* Vater ist, Chimene!

Zweiter Aufzug

Erster Auftritt

Don Arias. Der Graf.

DER GRAF.
  Gesteh' ich's Euch, als ich ihn so beleidigt,
  war ich erhitzt, war allzu rasch mein Arm,
  doch ist's geschehn, der Schlag nicht gutzumachen.
DON ARIAS.
  Beug' Euer stolzer Mut sich dem Verlangen
  des Königs; er nimmt großen Anteil, und
  er wird Euch seinen Zorn empfinden lassen.
  Auch habt Ihr keine gültige Verteid'gung;
  der Rang des schwer Gekränkten wie die Größe
  der Kränkung fordern *größre* Unterwerfung
  wie sonst gebräuchliche Genugtuung.
DER GRAF.
  Der König nehm', beliebt es ihm, mein Leben.
DON ARIAS.
  Ihr seid zu ungestüm nach dem Vergehn.
  Der König liebt Euch noch; besänftigt ihn.
  Er sagt: »Ich will es.« Wärt Ihr ungehorsam?
DER GRAF.

Um Achtung mir und Ehre zu bewahren,
ist Ungehorsam kein so groß' Verbrechen;
und wär's auch groß, sind meine Dienste doch
hinreichend, um es gänzlich zu verwischen.

DON ARIAS.

Was man auch Wichtiges und Großes leiste,
dem Untertan schuldet sein König nichts,
Ihr seid zu eitel, Graf, und solltet wissen,
nur seine Pflicht tut, wer dem König dient.
Solch allzu groß Vertraun bringt Euch Verderben!

DER GRAF.

Das glaub' ich Euch nicht eh'r, bis ich's erfahren.

DON ARIAS.

Doch sollt' Euch die Gewalt des Königs schrecken.

DER GRAF.

Ein einz'ger Tag stürzt keinen Mann wie mich.
Bewehr' sich seine Hoheit, mich zu strafen,
wenn *ich* muß fallen, fällt der ganze Staat.

DON ARIAS.

So wenig fürchtet Ihr die Macht des Herrschers –

DER GRAF.

Des Zepters, das ihm ohne mich entsänke.
Er schätzt mich viel zu hoch. Mein sinkend Haupt
wird seine Krone mit sich niederreißen.

DON ARIAS.

Laßt die Vernunft Euch zur Besinnung bringen!
Nehmt guten Rat.

DER GRAF.

Der Rat ist angenommen.

DON ARIAS.

Was aber sag' ich? Muß ich doch berichten –

DER GRAF.

Daß ich in meine Schmach nicht will'gen kann.

DON ARIAS.

Doch wollen Kön'ge unumschränkt gebieten.

DER GRAF.

Nichts mehr davon. Geworfen ist das Los.

DON ARIAS.

Lebt wohl, da Überredung hier nichts fruchtet.
Doch scheut, trotz Lorbeerschutz, den Wetterstrahl!

DER GRAF.

Ich harr' sein ohne Furcht.

DON ARIAS.

Nicht ohne Folgen

Ab.

DER GRAF.

Auf diese Art befriedigt man Don Diego!
Wer nicht den Tod scheut, fürchtet keine Drohung.
Mein Mut trotzt selbst dem höchsten Ungemach.
Man kann mich, unbeglückt zu leben, zwingen,
doch nicht, ein ehrlos Dasein zu ertragen!

Zweiter Auftritt

Der Graf. Don Rodrigo.

DON RODRIGO.

Zwei Worte, Graf!

DER GRAF.

Sprich!

DON RODRIGO.

Mach mich frei von Zweifeln!
Kennst du Don Diego?

DER GRAF.

Ja.

DON RODRIGO.

Nur leise! Weißt du,
daß dieser Greis die Tugend selbst, ein Vorbild
des Muts, der Ehre seiner Zeit war? Weißt du's?

DER GRAF.

Vielleicht.

DON RODRIGO.

Weißt du, daß meiner Augen Glut
aus seinem Blut stammt? Weißt du's?

DER GRAF.

Kümmert's mich?

DON RODRIGO.

Vier Schritt von hier will ich's dich wissen lassen.

DER GRAF.

Du junger Prahler!

DON RODRIGO.

O erhitz dich nicht!
Jung bin ich freilich, doch bei großen Seelen
harrt Tapferkeit nicht auf der Jahre Zahl.

DER GRAF.

Mit mir dich messen? Wer macht dich so eitel?
Dich, den man niemals Waffen führen sah?

DON RODRIGO.

Nicht zweimal macht sich meinesgleichen kenntlich;
als Probestück dient gleich ein Meisterstreich.

DER GRAF.

Weißt du wohl, wer ich bin?

DON RODRIGO.

Ja. Jeder andre
würd' schon beim Klange deines Namens beben.
Tausend und aber tausend Lorbeern, die
dein Haupt bedecken, künden mein Verderben;
tollkühn greif' *den* ich an, der steter Sieger.
Doch wird mein Mut mir große Kraft verleihn.
Dem, der den Vater rächt, ist *nichts* unmöglich.
Besiegt ist nie dein Arm – nicht *unbesiegbar*.

DER GRAF.

Den großen Mut, den deine Reden künden,
verriet dein Auge täglich meinem Blick,
und da Kastiliens Stolz in dir ich ahnte,
bestimmte meine Tochter ich dir gern.
Es freut mich, da ich deine Liebe kenne,
daß ihre Glut der Pflicht muß weichen, daß
sie deinen hohen Heldenmut nicht schwächte;
daß deine Tugend meiner Achtung wert,
und einen echten Ritter nur zum Eidam
mir wünschend, ich mich in der Wahl nicht trog.
Doch spricht für dich mein Mitleid; ich bewundre
hoch deinen Mut, bedaure deine Jugend.

Versuch nicht dies unsel'ge Probestück;
erlaß mir einen Kampf, der allzu ungleich.
Brächt' solcher Sieg mir doch zu wenig Ehre.
Ruhmlos ist ein gefahrloser Triumph,
leicht überwunden wird man stets dich glauben,
und deinen Tod nur hätt' ich zu bereun.
DON RODRIGO.
Entwürd'gend Mitleid folgt nach deiner Kühnheit!
Wer meine Ehre nahm, sorgt um mein Leben!
DER GRAF.
Zieh dich zurück!
DON RODRIGO.
Komm! Ohne weitere Reden!
DER GRAF.
So lebenssatt?
DON RODRIGO.
Hast du zu sterben Furcht?
DER GRAF.
Komm! Du hast recht. Entartet ist ein Sohn,
der seines Vaters Ehre überlebt!

Dritter Auftritt

Die Infantin. Chimene. Leonore.

DIE INFANTIN.
Laß deinen Schmerz sich sänftigen, Chimene,
und zeig dich standhaft bei dem Unglücksschlage!
Nach diesem kurzen Sturm kehrt Ruh' dir wieder;
nur leicht Gewölk verhüllt dein Glück, und nichts
hast du verloren – siehst es nur verzögert.
CHIMENE.
Mein schmerzdurchtobtes Herz wagt nichts zu hoffen.
Ein Sturm, der plötzlich in der Windesstille
losbricht, verkündet, daß ein Schiffbruch droht,
ich zweifle nicht – im Hafen geh' ich unter.
Ich liebte, war geliebt, im Einverständnis
die Väter, und ich gab davon Euch Nachricht,
im Schreckensaugenblick, der ihren Streit

erzeugt und dessen Euch erteilte Kunde
sofort all meine Hoffnungen zerstört.
    Fluchwürd'ger Ehrgeiz, hassenswerter Wahnsinn,
des Tyrannei die Edelsten beherrscht!
Du, strenge Ehre, meinem Glück so tödlich,
was kostest du mir Seufzer wohl und Tränen!

DIE INFANTIN.

Du hast von ihrem Streite nichts zu fürchten,
plötzlich entflammt, erlischt er plötzlich auch;
zu großes Aufsehn macht er, muß sich schlichten,
da ja der König sie versöhnen will.
Auch wird mein Mitgefühl, um deinen Kummer
zu stillen, selbst Unmögliches versuchen.

CHIMENE.

Vermittlung fruchtet nichts in diesem Fall;
beschimpfte Ehre ist nicht herzustellen,
Gewalt wie Klugheit wirken hier umsonst;
heilt man das Übel, ist es nur zum Schein;
der Haß, den innerlich die Herzen wahren,
wird im Verborgnen glühnder nur genährt.

DIE INFANTIN.

Eint Don Rodrigo und Chimene erst
ein heilig Band, stirbt wohl der Haß der Väter,
und man sieht Eurer Liebe Macht die Zwietracht
bald durch ein schönes Eheglück ersticken.

CHIMENE.

Das wünsch' ich, aber hoff' es kaum. Don Diego
ist allzu stolz und – meinen Vater kenn' ich!
Die lang verhaltnen Tränen fühl' ich fließen –
Vergangnes quält und Künft'ges ängstigt mich.

DIE INFANTIN.

Was ängstigt dich? Die Ohnmacht eines Greises?

CHIMENE.

Rodrigo hat viel Mut.

DIE INFANTIN.

Er ist zu jung.

CHIMENE.

Der Tapfre ist es schon beim ersten Streiche.

DIE INFANTIN.

Doch darfst du nicht zu sehr ihn fürchten, denn
er liebt dich viel zu heiß, um dich zu kränken,
und sprichst du nur zwei Worte, stirbt sein Zorn.

CHIMENE.

Doch welche Qual, wenn er mir nicht gehorchte!
Und was würd' man, gehorcht er, von ihm sagen?
Darf solchen Schimpf wohl seinesgleichen dulden?
Folgt oder widersteht er seiner Glut –
Beschämt nur oder traurig kann ich über
seinen Gehorsam – seine Weigrung sein.

DIE INFANTIN.

Hochsinnig ist Chimene; selbst beteiligt
duldet sie niedrige Gedanken nicht.
Doch, wenn ich bis zum Tage der Verständ'gung,
deinen Geliebten als Gefangnen wahrte,
um seines Mutes Wirkung zu verhindern,
füllte Besorgnis nicht dein liebend Herz?

CHIMENE.

Ach, *das* beängstigt mich nicht mehr, Prinzessin!

Vierter Auftritt

Die Infantin. Chimene. Leonore. Ein Edelknabe.

DIE INFANTIN.

Sucht Don Rodrigo auf und führt ihn her.

DER EDELKNABE.

Er und der Graf von Gormas –

CHIMENE.

Gott! Ich zittre!

DIE INFANTIN.

Sprecht!

DER EDELKNABE.

Sie verließen dieses Schloß zusammen.

CHIMENE.

Allein?

DER EDELKNABE.

Allein, und leise streitend, schien es.

CHIMENE.

　Sie kämpfen sicher schon! Genug der Worte!

　Verzeiht, Prinzessin, meine große Hast!

Fünfter Auftritt

Die Infantin. Leonore.

DIE INFANTIN.

　Ach, welche Seelenangst! Beweinen muß ich
　ihr Unglück – ihr Geliebter ist mir teuer!
　Hin ist die Ruh', die Liebe neu entflammt,
　das, was Rodrigo von Chimene scheidet,
　erweckt mir Hoffnung und zugleich auch Gram,
　und diese Trennung, die ich tief beklage,
　beut meinem Herzen doch geheime Lust!

LEONORE.

　Erliegt die hohe Tugend Eurer Seele
　so schnell der Glut, die Euch so tief erniedrigt?

DIE INFANTIN.

　Erniedrigend nicht nenne sie, da jetzt
　siegreich und herrlich sie mich ganz beherrscht!
　Gönn Achtung ihr, da sie mir, ach, so teuer!
　Kämpft gegen sie die Tugend auch – doch hoff' ich,
　und mein für eitle Hoffnung offnes Herz
　fliegt *dem* zu, den Chimene ja verloren!

LEONORE.

　So schwand denn Euer ehrenvoller Mut,
　und nichts vermag die Stimme der Vernunft?

DIE INFANTIN.

　Ach, wie geringe Wirkung übt Vernunft,
　wenn solch ein süßes Gift das Herz durchdrungen;
　und, da der Kranke seine Krankheit liebt,
　gibt er nur ungern zu, daß man ihn heile!

LEONORE.

　Die Hoffnung lockt Euch; süß ist Euch dies Leiden.
　Allein, unwürdig Eurer ist Rodrigo.

DIE INFANTIN.

　Zu gut nur weiß ich das; doch, wankt die Tugend,

hör, wie die Liebe einem Herzen schmeichelt,
das sie beherrscht: Kehrt aus dem Kampf Rodrigo
als Sieger, schlug sein Mut den großen Krieger,
darf ich mich freun – kann ohne Scheu ihn lieben!
Was glückt ihm nicht, besiegt er diesen Grafen!
Ich wag' zu hoffen, daß ihm seine Taten
einst Königreiche unterwerfen; ja,
schon zeigt mir diese Liebeshoffnung deutlich
ihn auf dem Thron Granadas, wie ihm zitternd
die unterjochten Mauren huldigen
und Arragonien seinen neuen Sieger
empfängt; wie Portugal sich beugt – sein Ruhm
durch Tat und Sieg sich ausdehnt über Meere,
und Afrikanerblut die Lorbeern tränkt.
Kurz, was von großen Helden,
erwart' nach diesem Sieg ich von Rodrigo
und werde stolz auf seine Liebe sein!
LEONORE.
Doch seht, wohin sein Arm es bringt, Prinzessin,
infolge eines Kampfes, der noch fraglich.
INFANTIN.
Rodrigo ist beleidigt durch den Grafen,
zusammen gingen sie – bedarf es mehr?
LEONORE.
Nun, schlagen sie sich denn, da Ihr's begehrt,
doch geht so weit wie Ihr wohl auch Rodrigo?
DIE INFANTIN.
Was willst du? Töricht bin ich, träume wachend!
Du siehst, welch Leid mir diese Liebe bringt.
Komm in mein Zimmer, meinen Gram zu lindern,
und laß in meiner Angst mich nicht allein.

Sechster Auftritt

Don Ferdinand. Don Arias. Don Sancho. Don Alonso.

DON FERDINAND.
So eitel und so unklug ist der Graf,
zu glauben, daß verzeihlich sein Verbrechen!

DON ARIAS.
Ich sprach in Eurem Namen lang zu ihm,
tat, was ich konnte, Sire, jedoch vergebens.
DON FERDINAND.
Himmel! So wenig Ehrfurcht und Bemühn,
mir zu gefallen, zeigt ein Untertan!
Er kränkt Don Diego, schätzt gering den König,
gibt mir an meinem eignen Hof Gesetze!
Wie tapfrer Krieger und wie großer Feldherr
er sei – ich werde solchen Hochmut beugen!
Wär' er der Mut, der Gott der Schlachten selbst,
sehn soll er, was es heißt, *nicht* zu gehorchen.
Was dies Erfrechen auch verdient, ich wollte
ihn sonder große Strenge erst behandeln,
doch da er es mißbraucht, versichert seiner
gleich heute Euch – ob er sich sträubt, ob nicht.

Siebenter Auftritt

Don Ferdinand. Don Sancho. Don Arias.

DON SANCHO.
Vielleicht ist er in kurzem wen'ger störrisch;
man holte ihn, vom Streite noch erhitzt.
Sire, in erster Wallung Glut ergibt sich
ein tapfres Herz nur schwer. Daß er im Unrecht,
sieht er wohl selbst; doch solche stolze Seele
gesteht so leicht nicht ihren Fehler ein.
DON FERDINAND.
Schweigt, und vernehmt, Don Sancho, daß man strafbar
sich macht, indem man ihn verteid'gen will.
DON SANCHO.
Gehorsam schweig' ich; doch zwei Worte, Sire,
zugunsten ihm, erlaubt!
DON FERDINAND.
Was könnt Ihr sagen?
DON SANCHO.
Daß solch ein Herz, gewöhnt an große Taten,
zur Unterwürfigkeit sich nicht erniedrigt;

und nicht begreift, wie man sich ohne Schmach
verständ'gen kann – dies Wort nur widerstand
dem Grafen – er fand solche Pflicht zu hart
und würd' Euch, hätt' er wen'ger Mut, gehorchen.
Befehlt ihm, daß sein Arm, erstarkt in Schlachten,
gut mache mit den Waffen diesen Schimpf:
Er wird nicht zögern, und es komm', wer will,
hier steht, bis er es wissen wird, sein Bürge!
DON FERDINAND.
Ihr trotzt der Ehrfurcht, doch schenk' Euren Jahren
ich Nachsicht, und verzeih' der Jugendhitze.
Ein König, welcher weise Zwecke hegt,
ist sparsamer mit Untertanenblut.
Ich wache für die meinen, schon' sie, wie
das Haupt sorgt für die Glieder, die ihm dienstbar,
drum gilt als Recht nicht *mir*, was *Euch* so scheint.
Ihr sprecht als Krieger, doch ich muß als König
verfahren; was man sage, was er glaube,
der Graf gehorch' mir, opfre seinen Ruhm.
Denn mich auch trifft der Schimpf, der *den* entehrte,
den zum Erzieher meines Sohns ich machte.
Angreifen meine Wahl, heißt an mir freveln,
und an dem Königtume sich vergehn.
Nichts mehr davon. – Zehn Schiffe unsrer Feinde
sah man die Flaggen aufziehn, und sie wagen
sich gegen die Mündung des Flusses vor.
DON ARIAS.
Ihr zwangt die Mauren, kennen Euch zu lernen.
So oft besiegt, fehlt ihnen wohl der Mut,
an solchen Sieger nochmals sich zu wagen.
DON FERDINAND.
Nie werden neidlos sie in Andalusien
mein Zepter herrschen sehn, ihnen zum Trotz,
und eifersücht'gen Blicks dies schöne Land,
das sie zu lang besessen, stets betrachten.
Drum richtet' seit zehn Jahren in Sevilla
Kastiliens Thron ich auf, um ihnen nah,
gleich zu zerstören, was sie unternehmen.

24

DON ARIAS.

Auf Kosten ihrer Köpfe lernten sie,
wie Eure Nähe Eure Siege sichert.
Zu fürchten habt Ihr nichts.
DON FERDINAND.

Noch zu versäumen.
Zu groß Vertraun zieht die Gefahr herbei!
Derselbe Feind, den man gedemütigt,
kann, nimmt er seine Zeit wahr, schädlich werden.
Doch wär' es Unrecht, in den Herzen Furcht
durch unsichre Gerüchte zu erwecken;
solch falscher Lärm erschreckt bei nahnder Nacht
die Stadt zu sehr. Verdoppeln laßt die Wachen
im Hafen, auf den Mauern diesen Abend;
das ist genügend.

Achter Auftritt

Don Ferdinand. Don Sancho. Don Arias. Don Alonso.

DON ALONSO.

Sire, der Graf ist tot.
Durch seinen Sohn rächte den Schimpf Don Diego.
DON FERDINAND.

Seit ich den Schimpf erfuhr, ahnt' ich die Rache,
und strebte gleich, dem Unglück vorzubeugen.
DON ALONSO.

Zu Euren Füßen bringt ihr Leid Chimene;
weinend naht sie, Gerechtigkeit zu fordern.
DON FERDINAND.

Wie tief ihr Gram auch meine Seele rührt,
mir scheint, der Graf habe für seinen Frevel
die so gerechte Züchtigung verdient.
Doch, wenn gerecht die Strafe auch, ich kann
solch einen Feldherrn ungern nur verlieren.
Nachdem so lang er meinem Staat gedient,
für mich wohl tausendmal sein Blut vergossen,
bleibt sein Verlust, wie mich sein Stolz berührt,
ein harter Schlag, und mich betrübt sein Tod.

Neunter Auftritt

Don Ferdinand. Don Diego. Chimene. Don Sancho.

CHIMENE.

Sire! Gerechtigkeit!

DON DIEGO.

Hört uns, o Sire!

CHIMENE.

Seht mich im Staube!

DON DIEGO.

Eure Knie umfass' ich!

CHIMENE.

Ich fleh' um Recht!

DON DIEGO.

Vernehmt, was mich verteidigt!

CHIMENE.

Straft eines kühnen Jünglings Übermut!
Er warf die Stütze Eures Thrones nieder,
erschlug den Vater mir!

DON DIEGO.

Er rächt' den seinen!

CHIMENE.

Recht fordert Untertanenblut vom König!

DON DIEGO.

Gerechte Rache heischet keine Strafe.

DON FERDINAND.

Steht beide auf, und sprecht mit Ruhe. Teilen
seht Eure tiefe Trauer mich, Chimene.
Mein Herz auch ist von gleichem Schmerz erfüllt.
Sprecht Ihr nachher; stört ihre Klagen nicht!

CHIMENE.

Mein Vater, Herr, ist tot. Ich sah sein Blut
sprudelnd aus seiner edlen Seite fließen;
dies Blut, das Eure Mauern oft beschützt,
dies Blut, das so viel Schlachten Euch gewonnen,
dies Blut, das, hingeströmt, von Zorn noch rauchte,
verspritzt sich seh'nd für andre statt für Euch,

das selbst der Krieg nicht wagte zu vergießen,
tränkt durch Rodrigo Eures Hofes Boden;
als Probestück raubt' sein unwürd'ger Frevel
solch feste Stütze Eurem Staate, nahm
die Zuversicht so Euren besten Kriegern
und richtete des Feindes Hoffnung auf!
Ich flog zum Kampfplatz – kraftlos – bleich – ich fand
ihn leblos! O verzeiht dem Schmerze, Sire,
mir fehlen für den traurigen Bericht
die Worte – mehr wohl sagen Seufzer, Tränen!
DON FERDINAND.
Mut, meine Tochter, wiss', daß jetzt dein König
statt seiner dir als Vater dienen will.
CHIMENE.
Dem Jammer folgt zu große Ehre, Sire.
Ich fand ihn leblos, sagt' ich, seine Seite
durchstochen, und, mich mächt'ger noch zu rühren,
schrieb mir sein Blut im Staub vor meine Pflicht.
Laut sprach zu mir sein Mut in solchem Zustand
durch seine Wunde – rief zur Rache, lieh',
der Könige Gerechtestem durch meinen
betrübten Mund verständlich hier zu werden,
sich meine Stimme! Sire, duldet nicht,
daß, wo Ihr herrscht, man solche Frechheit wage,
daß so die Tapfersten tollkühnen Streichen
straflos sei'n ausgesetzt; verwegne Jugend
besiege ihren Ruhm, in ihrem Blut
sich bade und ihr Angedenken schmähe!
Ein Held, wie der, den man Euch nahm, erstickt,
wenn *nicht* gerächt, für Euch den Diensteseifer,
kurz, Rache will ich für des Vaters Tod,
mehr Euretwegen als für *mich* zur Lindrung.
In ihm verlort Ihr Großes durch den Tod;
rächt ihn durch eines andern, Blut durch Blut!
Opfert – für mich nicht – doch für Eure Krone,
für Eure Macht, für Euch und für das Wohl
des Staates, sag' ich, opfert alle, Sire,
die solche Freveltat mit Stolz erfüllt!

27

DON FERDINAND.

Verteidigt Euch, Don Diego!

DON DIEGO.

Zu beneiden
ist, wer das Leben mit der Kraft verliert,
denn welch unselig Los schafft tapfern Männern
an ihrer Laufbahn Schluß ein hohes Alter!
Ich, dessen langes Wirken voller Ruhm,
ich, dem einst Sieg auf allen Schritten folgte,
ich seh' mich heut, weil ich zu lang gelebt,
beschimpft und überwunden! Was kein Kampf,
kein Sturm, kein Hinterhalt jemals vermochte,
was Arragonien nicht, noch Granada,
noch Eure Feinde oder meine Neider
vermocht, erzielt an Eurem Hof der Graf,
fast Euch vor Augen, nur aus Eifersucht
ob Eurer Wahl, stolz auf den Vorteil, welchen
ihm meines Alters Ohnmacht gönnte. Sire,
so stiegen dies im Helm gebleichte Haar,
dies Blut, so oft in Eurem Dienst vergossen,
der Arm, des Feindesheeres Schrecken einst,
beschimpft ins Grab, lebt' mir kein Sohn, mein würdig
und würdig seines Landes, seines Königs.
Er lieh mir seine Hand, erstach den Grafen,
stellt meine Ehre her, wusch ab die Schmach.
Wenn Mut und Zorn zu zeigen, einen Schlag
zu rächen, strafenswert, so treffe *mich*
der Wetterstrahl; man zücht'ge, weil der Arm
gefehlt, das Haupt dafür. Ob es Verbrechen,
ob nicht, weshalb wir streiten, *ich*, mein König,
ich bin das Haupt – er ist der *Arm* nur. Klagt,
daß er den Vater ihr erschlug, Chimene –
er hätt' es *nie* getan, wenn *ich's* gekonnt!
Nehmt drum dies Haupt, das bald ein Raub der Jahre,
und wahrt den Arm Euch, der zum Dienst noch nützt;
ja, stellt Chimene durch *mein* Blut zufrieden:
Ich widerstrebe nicht, duld' gern die Strafe,
und, fern zu murren, ob zu strengem Spruch,

sterb' klaglos ich, weil unentehrt ich sterbe.
DON FERDINAND.

Sehr wichtig ist die Sache und verdient,

daß man im Großen Rat sie wohl erwäge.

Don Sancho, führt Chimene jetzt nach Hause!

Don Diego dien' mein Hof, so wie sein Wort

als Haft. Man ruf' den Sohn! Recht soll Euch werden!
CHIMENE.

Gerecht ist's, König, daß ein Mörder stirbt!
DON FERDINAND.

Besänft'ge deinen Schmerz, sei ruhig, Tochter.
CHIMENE.

Mir Ruh' gebieten, heißt mein Unglück mehren!

Dritter Aufzug

Erster Auftritt

Don Rodrigo. Elvira.

ELVIRA.

Was tatest du Unsel'ger? Wohin kamst du?
DON RODRIGO.

Ich folg' dem Zuge meines düstern Loses.
ELVIRA.

Was gibt dir diese neue stolze Kühnheit,

dich hier zu zeigen, wo du Gram verbreitet?

Wie! Trotzest du bis *hier* des Grafen Schatten?

Hast du ihn nicht getötet?
DON RODRIGO.

War sein Leben

doch Schmach für mich. Die Ehre zwang die Hand.
ELVIRA.

Allein im Haus des Todes Zuflucht suchen?

Wählt' je ein Mörder sich ein solch Asyl?
DON RODRIGO.

Auch kam ich nur, um meinem Richter mich

29

zu bieten. Sieh mich so erstaunt nicht an:
Ich such den Tod, nachdem ich ihn erteilte.
Mein Richter sei die Liebe, sei Chimene.
Mir ziemt der Tod, weil mir ihr Haß gebührt.
Als köstlich Gut spend' mir ihr Mund mein Urteil,
erteil' mir ihre Hand den Todesstreich.
ELVIRA.
Flieh lieber ihren Blick, flieh ihren Zorn!
Entzieh dich ihres Schmerzes erster Wallung!
Geh! Setz dich nicht des Grolles Ausbruch aus,
wozu ihr heißer Schmerz sie könnte treiben.
DON RODRIGO.
Nein, nein! Die Teure, welche ich gekränkt,
kann mich durch ihren Zorn zu hart nicht strafen,
und unbeschreiblich wär' mein Glück, könnt' ich
ihn noch verdoppeln, daß ich *früher* sterbe.
ELVIRA.
Chimene weilt, in Tränen aufgelöst,
im Palast und kehrt in Begleitung wieder:
Flieh! Ende meine Angst – ich bitte dich!
Was sagte man, säh' man dich hier? Soll, mehrend
ihr Elend, die Verleumdung sie beschuld'gen,
daß ihres Vaters Mörder hier sie duldet?
Bald naht sie wohl – sie kommt – ich sehe sie!
Verbirg dich mind'stens, ihrer Ehre wegen!

Zweiter Auftritt

Don Sancho. Chimene. Elvira.

DON SANCHO.
Ja, Dame, blut'ge Opfer dürft Ihr fordern;
gerecht ist Euer Zorn, Euch ziemen Tränen,
und nicht versuchen will ich es, durch Worte
Euch zu besänft'gen oder Euch zu trösten:
Doch laßt, wenn ich Euch dienen kann, mein Schwert
den Schuld'gen strafen. Würdigt meine Liebe,
zu rächen diesen Tod. Euer Befehl
wird meinem Arm die nöt'ge Kraft verleihen.

30

CHIMENE.

Ich Unglücksel'ge!

DON SANCHO.

Duldet meine Dienste!

CHIMENE.

Den König kränk' ich, der mir Recht versprochen.

DON SANCHO.

Ihr wißt, Gerechtigkeit schreitet so langsam,
daß nur zu oft der Schuld'ge ihr entschlüpft.
Träg, zweifelhaft, erpreßt sie häufig Tränen,
laßt eines Ritters Waffen drum Euch rächen;
sichrer straft man auf diesem Weg und schneller.

CHIMENE.

Es wär' das letzte Mittel; ist es nötig,
und wahrt Ihr Mitleid meinem Unglück noch,
geb' ich Euch Freiheit, meine Schmach zu rächen.

DON SANCHO.

Dies Glück allein begehrt mein Herz, und darf
ich darauf hoffen, scheid' ich ganz befriedigt.

Dritter Auftritt

Chimene. Elvira.

CHIMENE.

So bin ich endlich denn befreit und kann
dir meines Schmerzes Ausbruch zwanglos zeigen,
kann meinen Seufzern freien Lauf gestatten,
mein Herz – all meinen Jammer dir eröffnen!
    Tot ist mein Vater, und sein Lebensfaden
ward durch das erste Schwert, mit dem Rodrigo
sich waffnete, zerschnitten! Augen, weint!
Zerfließt in Tränen! Meines Lebens Hälfte
stieß ja ins Grab die andre Hälfte, zwingt mich,
die *hin* ist, an der, die mir *blieb*, zu rächen!

ELVIRA.

O gönnt Euch Ruh', Senhora!

CHIMENE.

Ach! Zur Unzeit

sprichst du in solchem Mißgeschick von Ruhe!
Was mildert jemals meinen Schmerz, wenn ich
die Hand nicht hassen kann, die ihn verschuldet,
und was darf ich, als ew'ge Qualen, hoffen,
verfolg' ich eine Schuld und lieb' den Schuld'gen!
ELVIRA.
Ihr liebt ihn noch, der Euch den Vater raubte?
CHIMENE.
Ihn lieben! Ich vergöttre ihn, Elvira!
Die Leidenschaft liegt mit dem Groll im Streit.
Ich find' den Feind in dem Geliebten – fühle,
wie, meinem Zorn zum Trotz, in meinem Herzen
Rodrigo noch mit meinem Vater kämpft.
Er greift ihn an – bedrängt ihn – weicht – verteidigt
bald heftig sich, bald schwach, bald siegreich – aber
des Zorns, der Liebe harter Kampf zerreißt
mein Herz wohl – doch erweicht nicht meine Seele.
Und welche Macht auch Liebe auf mich ausübt,
ich frag' sie nicht, gilt es der Pflicht zu folgen,
gehorch' der Ehre Mahnung – schwanke nicht!
Rodrigo ist mir wert, sein Los betrübt mich;
mein Herz spricht laut für ihn, allein ich weiß
wohl, wer ich bin – und daß mein Vater tot.
ELVIRA.
So wollt Ihr ihn verfolgen?
CHIMENE.
Grausam ist's
zu denken – grausam, ihn verfolgen müssen!
Ich will sein Haupt und fürcht' es zu erhalten;
mein Tod folgt *seinem* – und ich muß ihn strafen!
ELVIRA.
Gebt diesen düstern Vorsatz auf, Senhora,
erlegt Euch solch ein hart Gebot nicht auf!
CHIMENE.
Wie! Starb in meinen Armen doch mein Vater,
schrie Rache doch sein Blut, und ich – ich sollt' es
nicht hören! Sollt', schmachvoll von anderm Zauber
bestrickt, ihm armselige Tränen nur

31

zu schulden glauben? Dulden, daß die Liebe
durch Schweigen meine Ehre feig ersticke?
ELVIRA.
Glaubt mir, solch seltnen Mann Euch zu erhalten,
den Ihr so liebt, Senhora, wär' verzeihlich.
Ihr spracht zum König – das genügt. Beeilt
die Folgen des Gesprächs nicht allzusehr,
und wahrt so streng nicht diese finstre Stimmung.
CHIMENE.
Ich muß mich rächen, es gilt meine Ehre;
und lockt auch Liebe schmeichelnd, großen Seelen
gilt jede Ausflucht stets als tiefe Schmach.
ELVIRA.
Ihr liebt Rodrigo, könnt ihn niemals hassen.
CHIMENE.
Ich geb' es zu.
ELVIRA.
Was denn wollt Ihr beginnen?
CHIMENE.
Die Ehre wahrn – mein Leiden enden – ihn
verfolgen – ihn verderben – *nach* ihm sterben.

Vierter Auftritt

Don Rodrigo. Chimene. Elvira.

DON RODRIGO.
Wohlan! Auch ohn die Müh' mich zu verfolgen,
wahrt Euch den Ruhm, zu hindern, daß ich lebe!
CHIMENE.
Wo sind wir denn, Elvira? Und was seh' ich?
In meinem Haus Rodrigo! Mir vor Augen!
DON RODRIGO.
Spart nicht mein Blut! Genießt ganz ungestört
die Lust, mich zu verderben, Euch zu rächen.
CHIMENE.
Ach!
DON RODRIGO.
Hör mich!

CHIMENE.

Weh mir!

DON RODRIGO.

Einen Augenblick!

CHIMENE.

Geh! Laß mich sterben!

DON RODRIGO.

Nur vier Worte! Dann
antwort mir nicht als nur mit diesem Schwerte!

CHIMENE.

Wie! Das getränkt mit meines Vaters Blut?

DON RODRIGO.

Chimene!

CHIMENE.

Fort mit diesem Schreckenswerkzeug,
das deine Schuld mir vorwirft und dein Leben!

DON RODRIGO.

Betracht es lieber, daß dein Haß erwache,
dein Groll sich steigre – meinen Tod beeil!

CHIMENE.

Es ist mit meinem Blut gefärbt!

DON RODRIGO.

In *meines*
tauch es, daß *deines* Farbe es verliert!

CHIMENE.

O Grausamkeit, an *einem* Tag den Vater
durch diesen Stahl – die Tochter durch des Anblick
zu töten! Fort damit! Ich trag' es nicht!
Ich soll dich hören, und du tötest mich!

DON RODRIGO.

Ich tu', was du begehrst, doch ich entsage
dem Wunsch nicht, daß dies jammervolle Dasein
durch *dich* geendet werde; denn erwarte
von mir nicht feige Reu' ob guter Tat.
Ein Schlag von deines Vaters Hand entehrte
unwiderruflich das ehrwürd'ge Alter
des meinen; weißt du doch, wie auf den Tapfern
ein Backenstreich wirkt! *Mich* auch traf der Schimpf.

33

Ich sucht' und fand des Schöpfer – rächte meine
und meines Vaters Ehre, tät es *nochmals*,
blieb' es zu tun. Wohl kämpfte gegen mich
und meinen Vater lang für dich die Liebe,
denn, daß ich schwankte, Rechenschaft zu fordern
nach solchem Schimpf selbst, zeigt dir ihre Macht!
Dir zu mißfallen oder Schmach zu dulden
gezwungen, zauderte noch meine Hand,
schien mir zu rasch mein Arm, und als zu heftig
klagt' ich mich an; gesiegt hätt' deine Schönheit,
stellt' ich nicht die Gewißheit deinem Reiz
entgegen, daß kein Feigling dich verdiene,
daß, wem ich teuer, als ich tadellos,
edel mich lieben – *ehrlos* hassen würde;
daß deiner Liebe Stimme hören, unwert
ihrer mich macht, und schimpflich deine Wahl.
Ich wiederhol's – will's unaufhörlich, bis
ich sterbe, denken – unaufhörlich sagen.
Ich kränkte dich, und mußt' es, meine Schmach
zu tilgen und dich zu verdienen. Fertig
mit meiner Ehre, meinem Vater, gilt's,
auch dir noch zu genügen; und mein Blut
dir darzubieten, bin ich hier. Ich tat,
was ich gemußt – tu, was ich soll. Wohl weiß ich,
daß gegen mein Vergehn ein toter Vater
dich waffnet: Nicht entgehn soll dir dein Opfer.
Standhaft weih dem gefloßnen Blute *den*,
des größter Ruhm ist, daß er es vergossen.
CHIMENE.
Rodrigo! Ach! Als Feindin selbst kann ich
nicht tadeln, daß Ehrlosigkeit du meidest,
und, wie mein Schmerz sich äußre, ich beschuld'ge
dich nicht – beweine nur mein Mißgeschick.
Ich weiß, was von des Tapfern Mut die Ehre
verlangt nach solchem Schimpf; du hast die Pflicht
des Ehrenmannes nur erfüllt; doch zeigtest
du mir zugleich die meine; mich belehrte
verhängnisvoll dein Mut durch deinen Sieg.

34

Den Vater rächt' er, wahrte deine Ehre;
mir ziemt die gleiche Sorge – trauernd muß ich
die Ehre wahren – meinen Vater rächen.
Ach, deinetwegen macht mich das verzweifeln!
Denn, raubte andres Unglück mir den Vater,
hätt' in der Wohltat, dich zu sehn, mein Herz
den Trost gefunden, den es könnt' empfangen,
und meinen Schmerz besänftigte die Wonne,
daß meine Tränen von so teurer Hand
getrocknet. Doch verlieren muß ich dich,
nachdem ich ihn verlor. Gebeut die Ehre
den Sieg doch über mein Gefühl, und dies
grausame Pflichtgebot, das mich zerschmettert,
will, daß ich selbst für dein Verderben wirke!
Denn, halt mein Herz zu schwach nicht, dich zu strafen.
Wie Liebe für dich wirbt, entsprechen muß
mein Mut dem deinigen: Du zeigtest dich,
indem du mich verletztest – meiner würdig –
ich muß durch *deinen* Tod dein wert mich zeigen.
DON RODRIGO.
Verschiebe nicht, was Ehre dir gebeut!
Sie will mein Haupt – ich überlass' es dir.
Bring deiner edlen Neigung es zum Opfer;
süß ist das Urteil – süß der Todesstreich!
Nach meiner Tat langsam Gericht erwarten,
heißt, deinen Ruhm, wie meine Pein verzögern.
Sterb' ich solch schönen Tod, sterb' ich beglückt.
CHIMENE.
Geh! Deine Feindin bin ich, nicht dein Henker.
Darf ich dein Haupt, das du mir bietest, nehmen?
Angreifen soll ich es, du sollst es schützen.
Nicht *du* – ein andrer müßt' es mir verschaffen.
Verfolgen soll ich dich – doch strafen nicht.
DON RODRIGO.
Wie Liebe für mich wirbt, entsprechen muß
dein Mut dem meinigen; doch einen Vater
zu rächen, *andre* Arme leihen, heißt –
ihm nicht entsprechen, glaub es mir, Chimene!

35

Des *meinen* Schmach räch' meine Hand allein,
und *deine* Hand nur muß den *deinen* rächen!
CHIMENE.
Auf welchen Vorschlag, Grausamer, bestehst du?
Hast du dich *ohne Beistand* doch gerächt,
und willst mir beistehn? Gleich dir will ich handeln.
Mein Mut verschmäht, mit dir den Ruhm zu teilen.
Mein Vater, so wie meine Ehre, wollen
nichts deiner Liebe noch Verzweiflung danken.
DON RODRIGO.
O starrer Ehrgeiz! Was nur tu' ich, um
dich zu erweichen? Hör mich, in dem Namen
des toten Vaters oder unsrer Freundschaft!
Bestraf aus Rache oder Mitleid mich!
Viel mindre Qual ist es, durch deine Hand
zu sterben, als von dir gehaßt zu leben!
CHIMENE.
Ich hasse dich nicht.
DON RODRIGO.
Doch du mußt.
CHIMENE.
Ich kann nicht.
DON RODRIGO.
Wie! Fürchtest du nicht tadelnde Gerüchte?
Wenn mein Verbrechen man erfährt und hört,
du liebst mich noch? Was würden Neid und Lüge
boshaft verbreiten? Zwinge sie zum Schweigen!
Kurz, rette deinen Ruf durch meinen Tod.
CHIMENE.
Sein Glanz strahlt heller nur, schon' ich dein Leben.
Ich will, daß selbst der schwarze Neid mich rühmt
und meinen Schmerz beklagt, erfahrend, daß
ich dich vergöttre und *dennoch* verfolge!
Geh! Zeig nicht länger, mir zur bittern Qual,
dich, den ich muß verlieren und noch liebe!
Entferne dich, geschützt von nächt'gem Dunkel!
Gefährlich meiner Ehre wär's, säh' man
von hier dich kommen. Ursach' zur Verleumdung

gäb' es, wüßt' man, ich litt dich hier – darum gib
nicht Anlaß, meine Tugend anzugreifen!

DON RODRIGO.

O laß mich sterben!

CHIMENE.

Geh!

DON RODRIGO.

Was ist dein Vorsatz?

CHIMENE.

Der schönen Glut zum Trotz, die meinen Zorn
erschüttert, will ich meinen Vater rächen.
Allein, wie streng auch diese herbe Pflicht,
mein einz'ger Wunsch ist – daß ich's nicht vermöchte!

DON RODRIGO.

O Kraft der Liebe!

CHIMENE.

O vernichtend Weh!

DON RODRIGO.

Wie kosten uns die Väter Leid und Tränen!

CHIMENE.

Wer hätte je gedacht –

DON RODRIGO.

Wer sagte wohl –

CHIMENE.

Daß unser Glück so nah – so bald verloren –

DON RODRIGO.

Und daß, im Hafen fast, ein Ungewitter
würd' plötzlich unser Hoffen scheitern machen!

CHIMENE.

O Todesschmerz!

DON RODRIGO.

Ach! Klagen sind vergeblich!

CHIMENE.

Noch einmal – geh! Nicht länger hör' ich dich.

DON RODRIGO.

Leb wohl. Ich will mein todgeweihtes Dasein
hinschleppen, bis du es, dich rächend, endest.

CHIMENE.

Gelingt mir das – so werd' ich – nimm mein Wort –
nicht *nach* dir einen Augenblick mehr leben!
Leb wohl! Geh! – Hüte dich, daß man dich sieht!

ELVIRA.

Senhora, welches Leid der Himmel sendet –

CHIMENE.

O quäle mich nicht länger! Laß mich klagen!
Ich such', zu weinen, Nacht und Stille auf!

Fünfter Auftritt

DON DIEGO *allein.*

Nie schmeckt man eine ganz vollkommne Freude;
Leid mischt sich in die Wonne des Erfolgs,
denn Sorgen trüben stets in solchen Fällen
die Reinheit der Befried'gung unsrer Seele.
Das fühl' ich jetzt inmitten meines Glücks.
Ich schwelg' in Freude und erbeb' in Furcht:
Tot sah den Feind ich, der mich schwer beleidigt,
doch seh' die Hand ich nicht, die mich gerächt.
Vergebens müh' ich mich, umsonst durchstreif' ich,
besorgt, gebrochen, diese ganze Stadt.
Was mir an Kraft das Alter übrigließ,
verbrauch', den Sieger suchend, ich ganz fruchtlos,
fortwährend – überall in diesem Dunkel,
wähn' ich ihn zu umarmen, doch umarme
nur einen Schatten, und erschöpf', getäuscht,
in Zweifeln mich, die meine Angst verdoppeln.
Ich finde keine Spuren seiner Flucht –
des toten Grafen Freunde und Gefolge
erschrecken – ihre Anzahl ängstigt mich!
Entweder lebt Rodrigo nicht mehr oder
atmet im Kerker. Himmel! Täuscht der Schein
mich wieder, oder seh' ich den Ersehnten?
Er ist's! Kein Zweifel! Meine Wünsche sind
erhört! Zerstreut die Furcht! Die Angst geendet!

Sechster Auftritt

Don Diego. Don Rodrigo.

DON DIEGO.

Rodrigo! Schickt der Himmel dich mir endlich!

DON RODRIGO.

Weh mir!

DON DIEGO.

Misch nicht in meine Freude Seufzer!
Laß mich, dich hoch zu rühmen, Atem schöpfen!
Dich zu verleugnen, hat mein Mut nicht Grund.
Du ahmst ihm nach, und deine edle Kühnheit
läßt meines Hauses Helden neu erstehn.
Du stammst von ihnen – bist mein Sproß. Es war
dein erster Schwertstreich, meiner Taten würdig.
Der schöne Eifer deines Jugendmutes
erreicht durch diese Probe meinen Ruhm!
Stab meines Alters! Du, mein höchstes Gut,
rühr dieses weiße Haar an, dem die Ehre
du wiedergibst! Küß diese Wange, wo
der Schimpf sie traf, den dein Mut abgewaschen!

DON RODRIGO.

Euch ziemt der Ruhm; als Euer Sproß und Zögling
konnt' wen'ger ich nicht tun. Zu glücklich bin ich,
und es entzückt mich, daß mein Probestück
dem wohlgefällt, dem ich das Leben danke.
Doch seid in Eurem Glück nicht neidisch, wenn
nach Euch, mir selbst ich zu genügen wage!
Gestattet meinem Jammer freien Ausbruch!
Zu lange schmeicheltet Ihr durch Worte ihm.
Nicht Reue fühl' ich, daß ich Euch gedient;
doch gebt das Gut mir wieder, das die Tat
mir nahm! Mein Arm, der sich, um Euch zu rächen,
bewaffnet, raubte mir durch seinen Sieg
mein Liebstes! Schweigt! Für Euch verlor ich alles,
und zahlt', was ich Euch schulde, wohl zurück!

DON DIEGO.

Nein, höher noch schätz deines Sieges Frucht.
Ich gab dir nur das Leben, du gibst mir
die Ehre wieder, und, weil mehr der Ruhm
mir wie das Leben gilt, schuld' ich dir mehr auch.
Doch großsinnig verbanne diese Schwäche:
Nur *eine* Ehre gibt's – doch viel Geliebten.
Vergnügen nur ist Liebe – Ehre *Pflicht*!

DON RODRIGO.

Was sagt Ihr da!

DON DIEGO.

Was du erfahren mußt.

DON RODRIGO.

Schon rächt an mir sich die gekränkte Ehre,
und Ihr wagt, mich zum Wankelmut zu drängen!
Gleich schändlich und der Schmach geweiht, wie Feigheit
des Kriegers, ist des Liebenden Verrat!
Beleidigt meine Treue nicht, und laßt
mich ohne Meineid tapfer sein! Dies Band
ist allzu fest, um *so* es zu zerreißen.
Hoff' ich auch nichts mehr – hält mich doch mein Wort,
und, da ich nun Chimene nicht verlassen
noch sie besitzen kann – wünsch' ich den Tod!

DON DIEGO.

Noch ist's nicht an der Zeit, den Tod zu suchen.
Dein Fürst, dein Land bedürfen deines Arms.
Die Flotte, die den Fluß bedrohte, naht,
die Stadt zu überfall'n, das Land zu plündern.
In einer Stunde bringen Flut und Nacht
die Mauren ganz geräuschlos her. Der Hof
ist voll Bestürzung und das Volk voll Schrecken.
In diesem allgemeinen Unheil führte
das Glück fünfhundert Freunde in mein Haus,
die meinen Schimpf erfahren, und, beseelt
von gleichem Eifer, mich zu rächen streben.
Du kamst ihnen zuvor. Der Tapfern Hand
mög' nun in Afrikanerblut sich baden!
Zieh an der Spitze dieser edlen Schar,
die dich zum Führer wählt, wohin die Ehre

dich ruft; wehr unsre alten Feinde ab,
und stirbt solch schönen Todes, willst du sterben!
Nütz die Gelegenheit, die sich dir bietet:
Dein König danke deinem Fall sein Heil!
Doch lieber noch, kehr heim im Siegerkranze.
Dein Ruhm beschränk' sich nicht, den Schimpf zu rächen;
tu mehr: Erzwing durch deine Heldentaten
von der Gerechtigkeit Verzeihung, von
Chimene Schweigen. Liebst du sie, so ziehe
als Sieger ein – das gibt ihr Herz dir wieder.
Allein, zu kostbar ist die Zeit für Worte!
Ich halt dich auf durch Reden und will Eil'!
Komm! Auf zum Kampf! Zeig deinem König, daß
du den Verlust des Grafen ihm ersetzest! 40

Vierter Aufzug

Erster Auftritt

Chimene. Elvira.

CHIMENE.
Weißt du, daß es kein falsch Gerücht, Elvira?
ELVIRA.
Ihr glaubt nicht, wie ein jeder ihn bewundert
und einstimmig des jungen Helden Taten
bis in den Himmel hebt! Zu ihrer Schmach
zeigten vor ihm die Mauren sich. Voll Eile
geschah der Angriff – eil'ger noch die Flucht.
Drei Stunden Kampfes brachten unsern Kriegern
vollständ'gen Sieg, zwei Kön'ge als Gefangne.
Dem tapfern Führer ward kein Widerstand.
CHIMENE.
Rodrigos Hand vollführte solche Wunder!
ELVIRA.
Lohn seiner Müh'n sind die zwei Könige;
sein Arm besiegte sie – nahm sie gefangen.

CHIMENE.

Von wem kam dir so wunderbare Kunde?

ELVIRA.

Vom Volk; das überall sein Lob verbreitet,
ihn aller Freude Gegenstand und Schöpfer,
Schutzengel und Befreier nennt.

CHIMENE.

Und wie denn blickt auf so viel Mut der König?

ELVIRA.

Rodrigo wagte nicht, sich ihm zu zeigen;
doch freudig brachte, in des Siegers Namen,
ihm die gefangnen Könige Don Diego,
als Gunst erfleh'nd, des edlen Fürsten Blick
mög' huldvoll auf des Landes Retter schauen.

CHIMENE.

Und blieb er unverwundet?

ELVIRA.

Nichts erfuhr ich.
Doch Ihr entfärbt Euch – o gewinnet Fassung!

CHIMENE.

Und neu ersteh' der halberloschne Groll!
Darf ich, um *ihn* besorgt, mich selbst vergessen?
Man rühmt, man preist ihn – und mein Herz stimmt ein;
stumm ist die Ehre, ohnmächtig die Pflicht.
Schweig, Liebe, gib dem Zorne Raum! Besiegte
er auch zwei Könige – er tötete
doch meinen Vater! Dieses Trauerkleid,
mein Unglück zeigend, ist die erste Frucht,
die seine Tapferkeit erzielt. Was immer
von seinem hohen Sinn man sage – *hier*
spricht alles mir von seiner Schuld! Ihr, die
aufs neu Ihr meinen Schmerz wachrufet, Schleier,
Gewänder, Flöre, düstre Zierden, die
durch seinen ersten Sieg mir vorgeschrieben,
wahrt meine Ehre gegen meine Liebe
und mahnt, spricht sie zu laut, an meine Pflicht!
Furchtlos greif' ich ihn an, den stolzen Sieger!

ELVIRA.
O mäßigt Euch, dort nahet die Infantin.

Zweiter Auftritt

Die Infantin. Chimene. Leonore. Elvira.

DIE INFANTIN.
Ich komme nicht, im Schmerze dich zu trösten,
in deine Tränen will ich Seufzer mischen.
CHIMENE.
Teilt lieber doch die allgemeine Lust;
genießt das Glück, was Euch der Himmel sendet.
Zum Seufzen hat niemand ein Recht als *ich*,
da Euch Rodrigo der Gefahr entzogen,
sein Schwert bewahrt das öffentliche Wohl,
sind heute *Tränen mir* nur noch erlaubt.
Er rettete die Stadt, diente dem König,
und Unheil bracht' sein tapfrer Arm nur *mir*.
DIE INFANTIN.
Chimene! Er vollbrachte wirklich Wunder!
CHIMENE.
Schon drang die Kunde leider mir zu Ohren,
und überall hör' ich, so tapfern Krieger,
wie unglücksel'gen Liebenden ihn nennen.
DIE INFANTIN.
Weshalb verdrießt dich dieses Stadtgespräch?
War der gepriesne junge Mars doch einst
dir wert; dein Herz war sein, er dir ergeben,
drum ehrt ja, wer ihn rühmet, deine Wahl.
CHIMENE.
Ein jeder mag mit ein'gem Recht ihn rühmen,
mir weckt jedoch sein Lob nur neue Pein.
Man mehrt, indem man ihn erhebt, mein Leiden;
denn was er gilt, zeigt mir, was ich verliere.
Ach, welcher Jammer für ein liebend Herz!
Mit seinem Wert wächst meiner Liebe Flamme;
doch mächt'ger ist die Pflicht in mir, und trotz
des Herzens Glut, erstrebt sie seinen Tod.

DIE INFANTIN.

Achtung erwarb dir diese Pflicht noch gestern,
ihr Streben schien so edel und so wert
solch großen Herzens, daß am Hofe jeder
gepriesen deinen Mut, dein Herz beklagt.
Doch hörst du einer treuen Freundin Rat.

CHIMENE.

Ich wäre strafbar, folgte ich Euch nicht.

DIE INFANTIN.

Was *damals* recht war, ist es *heut* nicht mehr.
Rodrigo ist jetzt unser einz'ger Beistand,
Liebling und Trost des Volks, das ihn vergöttert,
Kastiliens Stütze und den Mauren Schrecken.
Was *sie* geraubt, gab uns sein Mut zurück.
Und nur in ihm ersteht dein Vater wieder.
Kurz, hör es mit zwei Worten: Du erstrebst
durch seinen Tod den Untergang des Staates!
Darf man, um eines Vaters Tod zu rächen,
das Vaterland in Feindeshände geben?
Ist die Verfolgung gegen *uns* gerecht?
Und teilen *wir* die Schuld, die du willst strafen?
Vermählen nicht sollst du dich ihm, den ja
ein toter Vater anzuklagen fordert:
Ich selbst würd' solchen Wunsch verdammen; nimm
ihm deine Liebe, doch laß uns sein Leben!

CHIMENE.

Ach, diese Milde ziemt mir nicht. Die Pflicht,
die mich erbittert, weiß von keinen Schranken.
Ob auch mein Herz dem Sieger huldigt, ob
ein Volk ihn liebt, ein König ihn begünstigt,
ob Krieger ihn umstehn – meine Zypressen
solln dennoch seine Lorbeern niederbeugen!

DIE INFANTIN.

Ja, edel ist es, ein so teures Haupt
angreifen, um des Vaters Tod zu rächen:
doch hoch erhabner, heil'ge Pflichten für
das allgemeine Beste aufzugeben.
Glaub, es genügt schon, ihn nicht mehr zu lieben!

Raubst du dein Herz ihm, ist er schon bestraft!
Des Landes Wohl verlangt es. Was auch denkst du,
daß dir der König wohl gewähren wird?
CHIMENE.
Weis' er mich ab – ich würde doch nicht schweigen.
DIE INFANTIN.
Bedenke recht, Chimene, was du tust!
Leb wohl. Erwäge alles in der Stille.
CHIMENE.
Des Vaters Tod erspart mir jede Wahl.

Dritter Auftritt

Don Ferdinand. Don Diego. Don Arias. Don Rodrigo. Don Sancho.

DON FERDINAND.
Dich, edlen Erben so erlauchten Hauses,
das stets Kastiliens Ruhm und Stütze war,
und des Geschlecht so reich an tapfern Ahnen,
denen dein Prob'stück früh dich gleichgestellt;
dich zu belohnen, fühl' ich mich zu schwach,
denn wen'ger Macht hab' ich als du Verdienste.
Des Landes Rettung von so rohem Feind,
mein mir durch deine Hand erhaltnes Zepter,
der Mauren Niederlage, eh' ich noch
in diesem Schrecknis Widerstand zu leisten
anordnen konnte, sind nicht Taten, die
zu lohnen, deinem König Hoffnung geben;
allein die zwei gefangnen Könige
seien dein Lohn; ich hört' sie *Cid* dich nennen,
weil Cid in ihrer Sprache *Herr* bedeutet.
Ich mißgönn' dir den Ehrennamen nicht.
Sei denn fortan der Cid! Dem großen Namen
beug' alles sich; er sei Granadas wie
Toledos Schrecken, und zeig meinem Volk,
was du mir giltst und was ich dir verdanke.
DON RODRIGO.
Spar' Eure Majestät mir die Beschämung!
Zu hoch schlagt so geringe Tat Ihr an,

44

und ich erröte vor solch großem König,
so wenig diese Ehre zu verdienen.
Ich weiß ja, daß ich Eures Reiches Wohl
mein Blut und Leben schulde, und erfülle,
wenn für so würd'gen Zweck ich sie verliere,
nur des getreuen Untertanen Pflicht.

DON FERDINAND.

Nicht alle, denen diese Pflicht obliegt,
entled'gen ihrer sich mit gleichem Mute,
und, wenn die Tapferkeit nicht ungewöhnlich,
erzielt sie nicht solch glänzenden Erfolg.
Duld es daher, daß man dich lobt, und künde
ausführlich dieses Siegs Geschichte mir.

DON RODRIGO.

Sire, Ihr wißt, daß in dem Schrecken, welchen
der Stadt die dringende Gefahr erweckt,
die Freundesschar, die sich bei meinem Vater
versammelt, mich, der tiefbewegt noch, drängte –
allein verzeihet meiner Kühnheit, daß
ich ohne Eure Vollmacht sie verwendet –
doch nah war die Gefahr, die Schar bereit,
den Kopf wagt' ich, wenn ich am Hof mich zeigte –
und, sollt' ich ihn verlieren, war es süßer,
im Kampf für Euch mein Leben einzubüßen.

DON FERDINAND.

Den Eifer, Rache für den Schimpf zu nehmen,
entschuld'ge ich; spricht doch des Staats Verteid'gung
für dich bei mir. Glaub, was Chimene sage,
nur sie zu trösten, hör' ich sie hinfort,
doch weiter!

DON RODRIGO.

Unter meiner Führung zog
die Schar nun aus, und kühnen Mannesmut
zeigt aller Stirn. Fünfhundert zählten wir,
doch schnell verstärkt, am Hafen angelangt,
dreitausend schon, und uns so wohl gerüstet
erblickend, schöpft' der Ängstlichste selbst Mut.
Zwei Dritteil ihrer barg ich nach der Ankunft

gleich unten in den vorgefundnen Schiffen;
die andern, deren Zahl stets wuchs, entflammt
von Ungeduld, lagerten sich geräuschlos
rings um mich auf den Boden und verbrachten
also den größten Teil der schönen Nacht.
Ein gleiches tat auf mein Gebot die Wache
und half, versteckt so, meine Kriegslist glücken.
Und kühn gab den Befehl, den ich erteilt
und ausgeführt, ich für den *Euren* aus.
    Der Sterne Dämmerlicht läßt endlich mit
der Flut auch dreißig Segel uns erblicken;
die Wogen schäumen, und mit gleicher Eil'
treiben die Mauren und das Meer zum Hafen.
Man läßt sie nahn. Sie wähnen alles ruhig;
kein Krieger in dem Hafen, auf der Mauer:
Getäuscht durch unser Schweigen, zweifeln sie
durchaus nicht, daß der Überfall gelungen.
Sie landen furchtlos – ankern – steigen aus
und eilen, sich den Händen auszuliefern,
die ihrer harrn. Nun stehn wir auf – einstimmig
tönt unser tausendfält'ger Ruf zum Himmel –
auf unsern Schiffen antworten die Unsern,
und nahn bewaffnet. Die bestürzten Mauren
erfaßt – zur Hälfte erst gelandet – Furcht,
sie geben *vor* dem Kampf schon sich verloren.
Anziehnd zur Plünderung, finden sie den Krieg.
Wir drängen sie zu Wasser, drängen sie
zu Land – in Strömen fließt durch uns ihr Blut,
eh' *einer* widersteht, eh' sie sich ordnen.
Doch ihre Fürsten sammeln sie bald wieder;
ihr Mut erwacht, vergessen ist die Furcht,
die Scham, so ohne Kampf zu sterben, hemmt
die Unordnung, gibt ihnen neue Stärke.
Sie stehn, ziehn ihre Schwerter, und zerschnitten
wird manches tapfern Kriegers Lebensfaden.
Land, Meer, der Hafen – ihre Flotte werden
zum blut'gen Schlachtfeld, wo der Tod regiert.
O wieviel große Werke, hohe Taten

46

sind ruhmlos in der Dunkelheit geblieben,
wo jeder, selbst nur Zeuge seiner Hiebe,
nicht unterscheidet, *wie* das Los sich neigt.
Ich sprach ringsum den Unsern Mut ein, ließ
die vorwärts dringen, jene Beistand leisten,
ordnen, die kamen, trieb sie an und wußte
nichts vom Erfolge, bis der Tag erschien.
Doch endlich zeigt sein Licht uns unsern Vorteil,
ihren Verlust den Mauren, und ihr Mut
sinkt schnell, so daß, als uns Verstärkung nahet,
die Siegeslust der Todesfurcht muß weichen.
Sie eilen ihren Schiffen zu, zerhauen
die Taue, fliehn, furchtbar Geschrei erhebend,
in der Verwirrung achtlos, ob mit ihnen
auch ihre Könige sich retten können.
So unterlag der stärkern *Furcht* die *Pflicht.*
Die Flut bracht' sie – die Ebbe führt sie fort,
indes noch ihre Könige im Kampfe
und ein'ge ihrer Tapfern, schwer verwundet,
ihr Leben teuer zu verkaufen streben.
Ich selbst drängt' sie, sich zu ergeben, doch
umsonst – sie hören nicht, den Säbel schwingend,
nur als sie sehn, wie ihre Krieger falln,
wie sie allein noch fruchtlos sich verteid'gen,
begehrn den Führer sie – ich nenne mich,
und sie ergeben sich. Ich sandt' Euch beide.
Der Kampf war, weil die Kämpfer fehlten, aus.
Auf diese Weise ist in Eurem Dienste –

Vierter Auftritt

Don Ferdinand. Don Diego. Don Rodrigo. Don Arias. Don Sancho.
Don Alonso.

DON ALONSO.
 Sire, Chimene naht, um Recht zu fordern.
DON FERDINAND.
 Unsel'ge Nachricht, läst'ge Pflicht! Entfern dich,
 denn ich will sie nicht nöt'gen, dich zu sehen.

Statt dir zu danken, schicke ich dich fort.
Doch erst laß deinen König dich umarmen!

Don Rodrigo geht ab.

DON DIEGO.
Chimene klagt ihn an und möcht' ihn retten.
DON FERDINAND.
Man sagt, sie liebt ihn; wohl, ich will's erproben.
Zeigt ernste Mienen!

Fünfter Auftritt

Don Ferdinand. Don Diego. Don Arias. Don Sancho. Don Alonso.
Chimene. Elvira.

DON FERDINAND.
Seht Euch denn befriedigt,
Chimene, Euch nach Wunsch ist der Erfolg.
Rodrigo schlug den Feind, jedoch wir sahen
ihn auch an den erhaltnen Wunden sterben.
So dankt dem Himmel, welcher Euch gerächt.

Zu Don Diego.

Seht, wie sich ihre Farbe schon verändert.
DON DIEGO.
Seht auch, wie nah sie einer Ohnmacht ist:
Erkennt die Wirkung ihrer Liebe, Sire.
Ihr Schmerz verrät Euch ihr Geheimnis und
läßt über ihr Gefühl Euch nicht im Zweifel.
CHIMENE.
So ist Rodrigo tot?
DON FERDINAND.
Nein, nein, er lebt
und wahrt dir unverändert seine Liebe!
Laß deinen Schmerz um ihn sich sänftigen!
CHIMENE.
Sire, man wird aus Freude wie aus Trauer
ohnmächtig. Großes Glück macht leicht uns schwach.
Und kommt es plötzlich, schwinden uns die Sinne.

DON FERDINAND.

Du willst Unmögliches uns glauben machen.

Dein Schmerz, Chimene, zeigte sich zu klar!

CHIMENE.

Wohl, häuft mein Unglück, Sire, immer mehr;
nennt meine Ohnmacht Wirkung meines Schmerzes;
gerechter Unmut brachte mich so weit.
Entzöge doch sein Tod ihn der Verfolgung.
Stirbt er an Wunden, für des Landes Wohl
empfangen, wär' verloren meine Rache,
mein Zweck verfehlt. Ein solches schönes Ende
beleidigt mich. Er sterbe, doch nicht glorreich,
nicht so, umstrahlt von hohem Ruhmesglanz,
nicht auf dem Bett der Ehre, sondern auf
dem Blutgerüst! Für meinen Vater sterb' er,
nicht für das Vaterland! Geschändet sei
sein Name und befleckt sein Angedenken!
Kein traurig Los ist's, für sein Land zu sterben,
Unsterblichkeit erwirkt solch schöner Tod.
Ich freu' mich seines Sieges, darf es, denn
er schützt den Staat, gibt mir mein Opfer wieder,
doch edel, hochberühmt vor allen Kriegern,
bekränzt mit Lorbeern statt mit Blumen – kurz,
wert meines Vaters Manen es zu weihn.
Ach, welcher Hoffnung geb' ich mich da hin!
Hat doch Rodrigo nichts von mir zu fürchten.
Was schaden Tränen ihm, die man verachtet?
Für ihn ist Freistatt Euer Reich – ihm alles
erlaubt! Er triumphiert so über mich,
wie über alle Feinde; als Trophäe
dient das in deren Blut erstickte Recht
des Siegers Schuld: Wir mehr'n den Prunk, denn die
Verachtung der Gesetze läßt uns mit
zwein Kön'gen seinem Siegeswagen folgen!

DON FERDINAND.

Du bist zu heftig, meine Tochter; alles
muß man erwägen, um gerecht zu richten.
Getötet ist dein Vater; er gab Anlaß;

deshalb mahnt mich die Billigkeit zur Milde.
Eh' du mich aber tadelst, zieh dein Herz
zu Rat: Rodrigo herrscht darin, und heimlich
dankst du wohl deinem König, dessen Huld
dir den so heiß Geliebten will bewahren.

CHIMENE.
Mir! Meinen Freund! Ihn, meines Zornes Ziel!
Den Unheilstifter! Meines Vaters Mörder!
So wenig gilt meine Anklage, daß
man gar mich dankbar glaubt, mich *nicht* zu hören!
Versagt Gerechtigkeit Ihr meinen Tränen,
so laßt mich zu den Waffen Zuflucht nehmen;
durch *sie* gekränkt, muß ich durch *sie* mich rächen.
Von allen Euren Rittern fordre ich
sein Haupt! Ja, bringt es *einer* mir, so bin
ich selbst sein Lohn, sie mögen mit ihm kämpfen!
Und ist vorbei der Kampf, bestraft Rodrigo,
vermähl' ich mich dem Sieger. Laßt es, Sire,
als Euren Willen öffentlich verkünden.

DON FERDINAND.
Die alte Sitte, üblich hierzuland,
raubt durch den Vorwand, ungerechten Angriff
zu strafen, einem Staat die besten Krieger.
Denn solchen Mißbrauchs trauriger Erfolg
trifft oft den Schuldlosen und schont den Schuld'gen.
Rodrigo sei davon befreit. Zu kostbar
ist er mir für die Launen des Geschicks;
und welche Schuld solch großes Herz begangen,
die fliehnden Mauren nahmen sie mit fort.

DON DIEGO.
Wie! Hebt für ihn Ihr die Gesetze auf,
die Euer Hof so oft befolgte, Sire?
Was dächte Euer Volk? Was spräch der Neid,
schont unter Eurem Schutze er sein Leben,
und nützt den Vorwand, *dort* nicht zu erscheinen,
wo jeder Ritter schönen Tod erstrebt?
Würd' solche Gunst doch seinen Ruhm so trüben,
daß er des Sieges Frucht nicht ohn' Erröten

sich könnt' erfreun. Der Graf war kühn – er strafte
als Tapfrer ihn und muß sich so behaupten.
DON FERDINAND.
Sei's denn, da Ihr es wollt; doch werden tausend
an des besiegten Kämpfers Stelle treten,
denn ihm macht der, dem Sieger von Chimene
versprochne Preis, zum Feinde alle Ritter.
Ihn aber *allen* gegenüberstellen
wär' ungerecht. Genug, wenn er den Kampfplatz
einmal betritt. Wähl, wen du willst, Chimene,
wähl gut, doch nach dem Kampf begehr nichts mehr.
DON DIEGO.
Dadurch entschuldigt *die* nicht, die ihn fürchten.
Gebt frei den Kampfplatz – niemand wird erscheinen.
Welch eitler Mut erkühnt sich, mit Rodrigo
es nach den heut'gen Taten aufzunehmen?
Wer wagte sich an solchen Gegner? Wer
ist dieser Tapfre, nein, vielmehr Verwegne?
DON SANCHO.
Öffnet den Kampfplatz! Seht den Gegner! Ich
bin der Verwegne oder vielmehr Tapfre!

Zu Chimene.

Gestattet meiner Liebe diese Gunst!
Ihr wißt, daß Ihr sie mir versprochen, Dame!
DON FERDINAND.
Willst du dein Los ihm anvertraun, Chimene?
CHIMENE.
Sire, ich gab mein Wort.
DON FERDINAND.
Bereit seid morgen!
DON DIEGO.
Nein, Sire, zögern darf man länger nicht;
wer Mut besitzt, ist jederzeit bereit.
DON FERDINAND.
Kaum aus der Schlacht zurück, und wieder kämpfen!
DON DIEGO.
Beim Schlachtbericht erholte sich Rodrigo.

50

DON FERDINAND.

So ruh' er ein', zwei Stunden mindestens.
Doch, daß nicht dieser Kampf als Beispiel diene
und daß solch blutiges Verfahren, welches
mir nie gefiel, ich ungern seh', zu zeigen,
will ich nicht noch mein Hof dabei erscheinen.

Zu Don Arias.

Nur Ihr sollt Kampfesrichter sein. Seht zu,
daß beide Kämpfer auch als Tapfre handeln,
und nach dem Kampf bringt mir den Sieger – wer
er sei – der Preis gebühret seinem Mute.
Ich selbst führ' ihn Chimenen zu, damit
als Lohn er ihr Gelöbnis mög' empfangen.

CHIMENE.

Sire! Solch hart Gebot legt Ihr mir auf!

DON FERDINAND.

Du klagst, doch deine Liebe klagt nicht, sondern
nimmt, ist Rodrigo Sieger, ohne Zwang
ihn an. Murr nicht ob solchem milden Urteil,
wer es von beiden sei – er wird dein Gatte.

Fünfter Aufzug

Erster Auftritt

Don Rodrigo. Chimene.

CHIMENE.

Rodrigo! Wie! Am hellen Tag! Welch Wagnis!
Du tötest meine Ehre! Geh! Ich bitte!

DON RODRIGO.

Ich geh' zu sterben und will, eh' der Streich
mich trifft, ein letztes Lebewohl Euch sagen.
Wagt meine treue Liebe doch nicht, in
den Tod zu gehn, ohn' Euch dafür zu danken.

CHIMENE.

Du gehst zu sterben!

DON RODRIGO.

Sel'ger Augenblick,
der naht, mein Leben Eurem Groll zu liefern!

CHIMENE.

Du gehst zu sterben! Ist Don Sancho denn
so furchtbar, deinen Heldenmut zu schrecken?
Was machte dich so schwach? Was ihn so stark?
Rodrigo glaubt, zum Kampf geh'nd, sich schon tot?
Der nicht die Mauren scheut' noch meinen Vater,
verzweifelt vor dem Kampfe mit Don Sancho!
So kann dein Mut im Notfall auch verzagen!

DON RODRIGO.

Ich geh' zum Richtplatz, nicht zum Zweikampf; wehrt
doch meine Liebe, da Ihr meinen Tod
verlangt, dem Wunsch, mein Leben zu verteid'gen;
den allen Mut hab' ich, doch keinen Arm,
den zu beschützen, der Euch nicht mehr teuer,
und diese Nacht schon hätt' mich sterben sehn,
kämpft' ich für meine eigne Sache; aber
verteid'gend König, Volk und Vaterland,
übt' ich Verrat, hätt' ich mich schlecht verteidigt.
Mein Hochsinn haßt das Leben nicht genug,
daß als Verräter ich es wollt' verlassen.
Jetzt, da es *mir* nur gilt und meinen Tod
Ihr wollt, nehm' ich das Todesurteil an.
Da ich nicht wert, von Eurer Hand zu sterben,
erwählt die eines andern Euer Groll,
des Streiche ich nicht abzuwehren denke.
Ich achte den, der für Euch kämpft, zu hoch,
und froh zu denken, daß von *Euch* sie kommen,
weil er für Eure Ehre führt die Waffen,
biet' ich ihm meine Brust – in seiner Hand
die Eure ehrend, welche mich vernichtet.

CHIMENE.

Wenn einer ernsten Pflicht gerechte Strenge,
die zur Verfolgung deiner Tapferkeit
mich leider drängt, solch hart Gebot dir vorschreibt,

das widerstandslos gegen *den* dich macht,
der für mich kämpft – gedenk in der Verblendung,
es gilt, gleichwie dein Leben – deine Ehre!
Und daß, wie ruhmvoll auch Rodrigo lebte,
weiß man ihn tot – man ihn besiegt wird glauben.
Teurer wie ich dir bin, ist dir die Ehre,
weil deine Hand in meines Vaters Blut
sie tauchte, und dich läßt, trotz deiner Neigung,
dem liebsten Wunsch, meinem Besitz, entsagen.
Doch zeigst du's wenig, wenn du, ohn' zu kämpfen,
dich willst besiegen lassen! Deine Tugend
erniedrigt sich zu schwanken? Weshalb schmückt sie
dich nicht mehr, oder weshalb schmückte einst
sie dich? Bist du nur tapfer, mich zu kränken,
doch ohne Mut, gilt's nicht mich zu beleid'gen?
Und, grausam gegen meinen Vater, duldest
du doch, der ihn besiegt, einen Besieger?
Geh! Laß, ohn' daß du sterben willst, dich strafen,
und schütz, willst du nicht leben, deine Ehre!

DON RODRIGO.

Was fehlt, da tot der Graf, besiegt die Mauren,
zu meinem Ruhm noch? Wozu mich verteid'gen?
Man weiß, mein Mut wagt jeglich Unternehmen,
alles glückt meiner Tapferkeit, und nichts
auf Erden ist mir teurer wie die Ehre.
Nein, was Ihr glaubt, in diesem Kampfe darf
Rodrigo sterben, ohne daß sein Ruhm
gefährdet, ohne daß man wagt, ihn mangels
an Mut zu zeihn; ohn' für besiegt zu gelten,
ohn' daß er seinen Sieger dulden muß!
Man wird nur sagen: »Er vergötterte
Chimene, wollt', von ihr gehaßt, nicht leben.
Er beugte sich dem Schicksal, welches seine
Geliebte zwang, nach seinem Tod zu streben.
Sie wollt' sein Haupt, und es ihr zu verweigern,
schien seinem großen Herzen ein Verbrechen.
Zu rächen seine Ehre, gab die Liebe
er hin – zu rächen die Geliebte, ging

er aus dem Leben, zog, was er auch hoffte,
Chimenen seine Ehre – seinem Leben
Chimene vor.« So trübt mein Tod nicht, nein,
erhöht nur meinen Ruhm in diesem Kampfe,
und ehrenvoll sagt mein freiwill'ges Sterben,
daß *ich* nur Euch Genugtuung konnt' geben.
CHIMENE.

  Wenn Ehr' und Leben allzu schwache Lockung,
am Sterben dich zu hindern, so verteid'ge,
teurer Rodrigo, weil ich dich geliebt,
jetzt als Entgelt dich, Sancho mich zu rauben!
Kämpf, mich von der Verpflichtung zu befrein,
die dem mich zuspricht, der mir widerwärtig.
Was sag' ich mehr noch! Geh, dich zu verteid'gen!
Geh, mich zur Pflicht zu zwingen – mach mich schweigen,
und fühlst dein Herz du noch für mich entbrannt,
so siege in dem Kampf, des Preis Chimene!
Leb wohl! Dies Wort, das mir entschlüpft, beschämt mich!

Zweiter Auftritt

DON RODRIGO *allein.*

  Gäb's einen Feind, den *jetzt* ich nicht bezwänge?
Erscheint Navarrer, Mauren, Kastilianer!
Ihr Helden all, die Spanien erzeugt!
Vereint zu einem Heer euch, eine Hand,
die also angefeuert, zu bekämpfen!
Setzt alle Kraft ein gegen solches Hoffen,
es zu bewält'gen reicht ihr doch nicht hin!

Dritter Auftritt

DIE INFANTIN *allein.*

  Hör' ich dich noch, Achtung vor meinem Range,
die meine Leidenschaft verdammt?
Hör' ich dich, Liebe, deren Macht und Süße
des Stolzes Tyrannei sich widersetzt?
    Welcher von beiden sollst du wohl

gehorchen, arme Fürstentochter?
Dein Mut, Rodrigo, macht dich meiner wert,
doch bist du, wenn auch Held, kein Königssohn.
Erbarmungsloses Schicksal, dessen Härte
so Wunsch und Ehre trennt!
Sind meiner Liebe solche große Leiden
beschieden wegen dieser edeln Wahl?
    O Gott, auf wieviel Seufzer wird
    mein Herz sich vorbereiten müssen,
wenn es, nach langer Qual, die Liebe nie
besiegt noch dem Geliebten sich darf weihn!
Doch welch Bedenken! Die Vernunft staunt über
die Mißachtung solch würd'ger Wahl;
bin ich für einen Herrscher auch geboren,
Rodrigo angehören, scheint mir Ruhm!
    Da du zwei Könige besiegt,
    kann dir wohl eine Krone fehlen?
Und, zeigt der Name Cid, den du gewonnen,
nicht nur zu klar, *wen* du beherrschen sollst?
Er ist mein würdig, doch gehört Chimenen;
ich gab ihn, mir zum Unheil, ihr.
Des Vaters Tod schied kaum durch Haß die beiden,
so daß der Tochter Pflicht ungern ihn rächt.
    So ist denn nichts von seiner Schuld
    zu hoffen noch von meinem Gram,
da, mir zur Strafe, das Geschick erlaubt,
daß Liebe selbst zwei Feinde dauernd eint.

Vierter Auftritt

Die Infantin. Leonore.

DIE INFANTIN.
    Was willst du, Leonore?
LEONORE.
    Glück Euch wünschen,
    daß Eure Seele endlich Ruhe fand.
DIE INFANTIN.
    Wo gäb' es Ruhe in dem tiefsten Leide?

LEONORE.

Lebt von der Hoffnung Liebe, stirbt sie mit ihr,
kann Euch Rodrigo nicht mehr teuer sein;
Ihr wißt, welch einen Kampf Chimene fordert,
und da er stirbt oder ihr Gatte wird,
ist tot die Hoffnung, Euer Herz genesen.

DIE INFANTIN.

Ach, muß das jetzt noch sein!

LEONORE.

Was könnt Ihr hoffen?

DIE INFANTIN.

Was kannst du mir vielmehr zu hoffen wehren?
Geht diesen Kampf Rodrigo ein, ersinn' ich
wohl manches, dessen Wirkung zu zerstören;
lehrt Liebe, süße Quelle meiner Leiden,
verliebten Herzen doch so manche List!

LEONORE.

Was könnt Ihr tun, da selbst des Vaters Tod
in ihren Herzen Zwietracht nicht entzündet?
Da ja Chimene deutlich zeigt, daß heut
nicht Haß der Grund ihrer Verfolgung ist?
Ein Kampf wird ihr gewährt, und sie nimmt schleunig
den ersten an als Kämpfer, der sich beut.
Nicht wendet sie sich zu den tapfern Armen
durch große Taten hochberühmt: Don Sancho
genügt ihr, und verdient die Wahl, da er
zum erstenmal sich waffnet. Ja, sein Mangel
an Übung ist ihr lieb in diesem Zweikampf;
weil ohne Ruf er noch, schweigt ihre Furcht;
und solche Wahl, so rasch getan, beweist,
daß einen Kampf sie wünscht, der sie verpflichtet,
ihrem Rodrigo leichten Sieg verschafft,
und ihr erlaubt, besänftigt sich zu zeigen.

DIE INFANTIN.

Ich fühl' es wohl, und dennoch, trotz Chimene,
vergöttert meine Seele diesen Sieger.
Was soll ich ärmste Liebende beginnen?

LEONORE.

Denkt, wer Ihr seid. Euch schuldet einen König
der Himmel; Ihr liebt einen Untertan!

DIE INFANTIN.

Den Gegenstand vertauschte meine Neigung,
nicht mehr den Edelmann Rodrigo lieb' ich;
nein, meine Liebe nennt ihn *so* nicht mehr:
Ich lieb' in ihm den Schöpfer großer Taten,
den tapfern Cid, Herrn zweier Könige.
Doch will ich mich besiegen; nicht aus Furcht
vor Tadel, aber weil die schöne Liebe
ich nicht will trüben; ja krönt man sie selbst,
nähm' ich ein Gut, das ich verschenkt, nicht wieder.
Und weil sein Sieg in diesem Kampf gewiß,
werd' ich noch einmal ihn Chimenen schenken.
Und du, die sieht, wie todeswund mein Herz,
sollst mich vollenden sehn, wie ich begonnen.

Fünfter Auftritt

Chimene. Elvira.

CHIMENE.

Was leid' ich, und – wie bin ich zu beklagen!
Nur hoffen kann ich, und befürchte alles.
Kein Wunsch regt sich, den ich zu bill'gen wage,
und nichts erfleh' ich, was ich nicht bereu'!
Zwei Nebenbuhler waffnet' ich für mich –
Der glücklichste Erfolg verheißt mir Tränen –
Denn ist – wenn hold das Schicksal – ungerächt doch
mein Vater – oder mein Geliebter tot!

ELVIRA.

In beiden Fällen seh' ich Euch befriedigt.
Ihr habt Rodrigo oder seid gerächt,
und was Euch das Geschick auch bringt – es wahrt Euch
die Ehre oder schenkt Euch einen Gatten.

CHIMENE.

Wie! Einen, der mir Haß weckt oder Zorn!
Rodrigos oder meines Vaters Mörder!
In beiden Fällen würd' mir ein Gemahl,

gefärbt mit Blut, das mir das liebste war.
In beiden Fällen schaudert meine Seele,
mehr wie den Tod, fürcht' ich des Kampfes Ausgang!
Schweigt Rache, Liebe, die mein Herz durchwogen,
um *solchen* Preis seid Ihr nicht süß für mich!
Und du, allmächt'ger Urheber des Loses,
das tief mich beugt', end ohn' Erfolg den Zweikampf,
keiner von beiden sei besiegt noch Sieger!

ELVIRA.

Das wär' zu hart für Euch. Nur neue Qual
würd' dieser Kampf Euch bringen, ließ er ferner
Euch noch verpflichtet, Recht zu fordern; stets
noch diesen stolzen Groll zu zeigen und
Eures Geliebten Tod stets zu erstreben!
Weit besser, wenn sein Heldenmut, umkränzend
sein Haupt, Euch schweigen machte, Eure Seufzer
das Kampfgesetz erstickte und der König
Euch zwänge, Euren Wünschen nachzugeben.

CHIMENE.

Glaubst du, ich füg' mich, wenn er siegt? Zu mächtig
ist meine Pflicht und mein Verlust zu groß!
Und Kampfgesetz nicht, noch des Königs Wille,
vermögen ihre Mahnung zu betäuben.
Er kann Don Sancho mühlos überwinden,
doch nicht mit ihm zugleich Chimenens Ehre,
und, was ein Herrscher für den Sieg verhieß,
mein Stolz erweckt ihm tausend neue Feinde.

ELVIRA.

Wahrt Euch, daß nicht zur Strafe dieses Stolzes,
der Himmel *doch* zuläßt, daß man Euch rächt.
Wie! Weist Ihr noch das Glück zurück, das endlich
zu schweigen Eurer Ehre jetzt erlaubt?
Was fordert ihre Pflicht? Was hofft sie? Gibt
Euch des Geliebten Tod der Vater wieder?
Genügt *ein* Unglück Euch nicht? Muß Verlust
denn auf Verlust und Schmerz auf Schmerz sich häufen?
Geht! Ihr verdient in Eures Grolles Starrsinn
nicht den Geliebten, den man Euch bestimmt,

und der gerechte Zorn des Himmels wird
durch seinen Tod Don Sancho Euch vermählen.
CHIMENE.
Duld' ich doch schon genug der Qual, Elvira,
mehr sie durch solchen düstern Ausspruch nicht!
Ich will – kann ich – sie beide fliehn, wenngleich
in diesem Kampf ich für Rodrigo bete.
Nicht, weil mich töricht Leidenschaft ihm neigt,
doch ich gehört', würd' er besiegt, Don Sancho –
Nur *diese* Furcht erzeugte meinen Wunsch.
Was seh' ich? Ärmste! O es ist geschehen!

Sechster Auftritt

Don Sancho. Chimene. Elvira.

DON SANCHO.
Zu Füßen Euch leg', Dame, ich dies Schwert –
CHIMENE.
Wie! Feucht noch von Rodrigos Blut! Verräter!
Wagst du, vor meinen Augen zu erscheinen,
nachdem das Liebste du mir nahmst? Brich, Liebe,
hervor! Du hast ja nichts mehr zu befürchten;
mein Vater ist versöhnt – birg dich nicht mehr!
Ein Schlag, der meine Ehre sicherte,
bracht' mir Verzweiflung – Freiheit meiner Liebe!
DON SANCHO.
Wenn Ihr beruhigter – 59
CHIMENE.
Sprichst du zu mir,
verhaßter Mörder des geliebten Helden!
Geh! Du übtest Verrat! Solch tapfrer Krieger
wär' nie durch deinen Angriff überwunden!
Hoff nichts von mir! Du hast mir nicht gedient,
statt mich zu rächen, nahmst du mir das Leben!
DON SANCHO.
Welch seltsamer Empfang, statt mich zu hören –
CHIMENE.
Soll ich von seinem Tod dich prahlen hören?

Ruhig vernehmen, wie du frech sein Unglück
und meine Schuld und deine Kühnheit schilderst?

Siebenter Auftritt

Don Ferdinand. Don Diego. Don Arias. Don Sancho. Don Alonso.
Chimene. Elvira.

CHIMENE.

Sire, nicht brauch' ich ferner zu verbergen,
was ich trotz aller Müh' nicht konnt' verhehlen:
Ihr wißt, ich liebte, doch, um meinen Vater
zu rächen, fordert' ich ein teures Haupt,
und Eure Majestät selbst konnte sehn,
wie meine Liebe ich der Pflicht geopfert;
doch starb Rodrigo, und sein Tod verwandelt
die Feindin in die trauernde Geliebte.
Ich war dem Vater diese Rache schuldig,
und schuld' jetzt meiner Liebe diese Tränen.
Kämpfend für mich, macht elend mich Don Sancho,
und *ich* bin Lohn des, der mein Elend schuf!
Sire, ich bitt' Euch, widerruft! – kennt Mitleid
ein König – solch ein hart Gebot! Als Preis
des Siegs, wodurch mein Liebstes ich verloren,
lass' ich mein Gut ihm – lass' er mich mir selbst,
daß ich in Klostermauern meinen Vater
und den Geliebten ewig kann beweinen.

DON DIEGO.

Sire, sie liebt und hält nicht mehr für Sünde,
rechtmäß'ge Liebe offen zu gestehn.

DON FERDINAND.

Chimene, dein Geliebter ist nicht tot;
Don Sancho, der besiegt, bracht' falsche Kunde.

DON SANCHO.

Sire, nicht vorsätzlich täuschte sie mein Eifer;
ich wollt' des Kampfes Ausgang ihr berichten.
Der edle Krieger, dem ihr Herz gehört,
sprach, als er mich entwaffnet: »Fürchte nichts;
eh'r ließ den Sieg ich ungewiß, eh' ich

das Blut, das sich Chimenen weiht', vergösse;
doch da mich Pflicht zum König ruft, geh du
statt meiner, ihr von diesem Kampf zu sagen,
und bring das Schwert des Siegers ihr.« Ich kam,
und dieser Umstand täuschte sie, denn, weil
ich wiederkehrte, glaubte sie mich Sieger,
und schnell verriet ihr Zorn laut ihre Liebe,
mit solcher Ungeduld und Heftigkeit,
daß ich unmöglich konnt' Gehör erlangen.
Doch preis' ich mich, wenngleich besiegt, noch glücklich
und freu' mich, büßt mein liebentflammtes Herz
sehr viel auch ein, doch meiner Niederlage,
die solcher edlen Liebe Glück verschönt.

DON FERDINAND.
Erröte nicht ob deiner schönen Neigung,
noch such sie zu verleugnen, meine Tochter;
fruchtlos treibt edle Scham dazu dich an.
Genügt hast du der Ehre, deine Pflichten
erfüllt, versöhnt den Vater, denn du gabst
so oft Rodrigo preis, um ihn zu rächen.
Anders fügt es der Himmel! Da für ihn
so viel du tatst, tu etwas auch für dich,
und sträube dich nicht gegen meinen Willen,
der dir einen geliebten Gatten schenkt.

Achter Auftritt

Don Ferdinand. Don Diego. Don Arias. Don Rodrigo. Don Alonso.
Don Sancho. Die Infantin. Chimene. Leonore. Elvira.

DIE INFANTIN.
Chimene, still die Tränen; ohne Trauer
nimm hier aus der Fürstin Hand den Sieger.

DON RODRIGO.
Sire, zürnt nicht, wenn mich vor Euren Augen
Achtung und Liebe ihr zu Füßen wirft!
Ich komme nicht, den Siegespreis zu fordern,
ich komme, Euch aufs neu mein Haupt zu bieten;
nicht meine Liebe falle ins Gewicht,

61

noch Kampfgesetz, noch eines Königs Wille;
wenn, was geschehn, zu wenig für den Vater –
was soll ich tun? Noch tausend Nebenbuhler
bekämpfen? Meine Taten zu den beiden
Enden der Welt ausdehnen? Ganz allein
ein Lager stürmen? Fliehn machen ein Heer?
Den Ruhm der Sagenhelden überflügeln?
Ist meine Schuld dadurch zu sühnen, wage
ich alles, und werd' alles auch vollbringen!
Doch, kann die stolze nie gebeugte Ehre
der Tod des Schuld'gen nur besänftigen,
so waffnet Menschenmacht nicht gegen mich.
Hier ist mein Haupt – rächt Euch mit eignen Händen.
Den Unbesiegten dürft nur *Ihr* besiegen!
Nehmt eine *andre* unmögliche Rache,
doch laßt den Tod genug der Strafe sein,
verbannt mich nicht aus Eurem Angedenken,
und, weil mein Sterben Eure Ehre wahrt,
belohnt es, mein Gedächtnis zu bewahren;
zuweilen, mein Geschick beklagend, sprecht:
»Er wär' nicht tot, wenn er mich nicht geliebt.«
CHIMENE.
Steh auf, Rodrigo! Sire, ich bekenne,
zuviel sagt' ich, um jetzt zu widerrufen.
Ich kann Rodrigos Tugenden nicht hassen,
und das Gebot des Königs heischt Gehorsam.
Doch könnt, wozu Ihr schon mich auch verdammt,
vor Euren Augen Ihr dies Bündnis dulden?
Und, zwingt Ihr meine Pflicht dazu, ist auch
Eure Gerechtigkeit ganz einverstanden?
Bedarf der Staat so sehr Rodrigos, muß
ich Lohn für das sein, was er für Euch tut,
mich ew'gem Vorwurf weihend, meine Hände
mit meines Vaters Blut befleckt zu haben?
DON FERDINAND.
Rechtmäßig machte oft die Zeit, was erst
nicht ohn' Verbrechen möglich schien! Gewonnen
hat dich Rodrigo – du mußt ihm gehören.

Doch hat dich seine Tapferkeit auch heut
erkämpft, mußt' Feind ich deiner Ehre sein,
ihm seines Sieges Preis so früh zu schenken.
Ein Aufschub der Vermählung hebt den Ausspruch
nicht auf, der einst ihm deine Hand bestimmt.
Ein Jahr mög', willst du, deine Tränen trocknen;
indes, Rodrigo, führ die Waffen! Wie
an unserm Strand die Mauren du besiegt,
gestört ihr Trachten, ihrer Macht gewehret,
dring in ihr Reich, sie *dort* jetzt zu bekriegen:
Mein Heer führ an, verwüst ihr Land. Sie werden
schon zittern bei dem Namen Cid. *Herr* nannten
sie dich und werden dich zum König wählen.
Doch bleib im stolzen Wirken stets ihr treu;
kehr ihrer würd'ger noch, ist's möglich, wieder,
und steig durch große Taten so im Wert,
daß für sie ruhmvoll, sich dir zu vermählen!

DON RODRIGO.

Was könnt' man mir gebieten, das mein Arm
nicht möglich macht, Chimene zu besitzen
und Euch zu dienen? Muß ich fern ihr weilen,
ist *hoffen dürfen*, Sire, doch schon Glück!

DON FERDINAND.

Auf deinen Mut hoff und auf mein Versprechen.
Da der Geliebten Herz dein, überlaß
ihre Bedenken zu zerstreun der Zeit
und deiner Tapferkeit und deinem König! 63

Biographie

1606 *6. Juni:* Pierre Corneille, Bruder von Thomas Corneille, wird in Rouen geboren.

Er genießt eine jesuitische Erziehung.

1629 Mit 23 Jahren führt er erste Theaterstücke am Pariser Theater Marais auf. Nach dem Erfolg der Komödie »Mélite« zieht er nach Paris.

Er studiert Jura und ist dann in verschiedenen Ämtern in seiner Heimatstadt Rouen tätig.

1631 »Clitandre«.

1632 »La Veuve« (»Die Witwe«).

1633 »La Galerie du Palais«.

1634 »La Suivante« (»Die Dienstmagd«).

»La Place Royal«.

1635 Seine erste Tragödie, »Médée«, erscheint.

1636 »L'Illusion Comique«.

Sein Verehrer und Mäzen, der Kardinal Richelieu, organisiert eine Gruppe von fünf Dramatikern, die sich mit der Gestaltung und Zensur der dramatischen Werke befassen sollen. Im Laufe der Zeit weicht Corneille immer mehr von den Richtlinien des Kardinals ab und arbeitet nur bis Ende seines Vertrages.

1637 Sein bekanntestes Drama, »Le Cid«, ruft beim Publikum Begeisterung hervor, obwohl Kritiker seinen angeblichen Verstoß gegen die Regeln des guten Geschmacks verurteilen, da er seine Heldin Chimène Liebe für den Mörder ihres Vaters empfinden lässt. Doch das Publikum hält zu Corneille. Er kämpft anfangs gegen die drei Einheiten von Ort, Zeit und Handlung (der »Cid-Streit«), unterwirft sich ihnen aber später.

1643 »Cinna«, (deutsch 1666).

»Polyeukt« (deutsch 1666).

»Le Menteur« (»Der Lügner« deutsch 1662).

1646 Die Tragödie »Horace« (deutsch 1662) wird unter Anwesenheit des leitenden Ministers Richelieu uraufgeführt.

1647 Die Académie Française nimmt ihn auf, und Ludwig XIV. setzt ihm eine Rente aus. Er wohnt von jetzt an in der

Hauptstadt Frankreichs.

»Rodogune« (deutsch 1691).

1689 *1. Oktober:* Als Corneille in Paris stirbt, würdigt ihn der Dichter Racine: »Unter der Regierung des größten Königs blühte mit Corneille der berühmteste aller Dichter auf«.

Erzählungen der Frühromantik

1799 schreibt Novalis seinen Heinrich von Ofterdingen und schafft mit der blauen Blume, nach der der Jüngling sich sehnt, das Symbol einer der wirkungsmächtigsten Epochen unseres Kulturkreises. Ricarda Huch wird dazu viel später bemerken: »Die blaue Blume ist aber das, was jeder sucht, ohne es selbst zu wissen, nenne man es nun Gott, Ewigkeit oder Liebe.«

Tieck Peter Lebrecht **Günderrode** Geschichte eines Braminen **Novalis** Heinrich von Ofterdingen **Schlegel** Lucinde **Jean Paul** Des Luftschiffers Giannozzo Seebuch **Novalis** Die Lehrlinge zu Sais
ISBN 978-3-8430-1878-4, 416 Seiten, 29,80 €

Erzählungen der Hochromantik

Zwischen 1804 und 1815 ist Heidelberg das intellektuelle Zentrum einer Bewegung, die sich von dort aus in der Welt verbreitet. Individuelles Erleben von Idylle und Harmonie, die Innerlichkeit der Seele sind die zentralen Themen der Hochromantik als Gegenbewegung zur von der Antike inspirierten Klassik und der vernunftgetriebenen Aufklärung.

Chamisso Adelberts Fabel **Jean Paul** Des Feldpredigers Schmelzle Reise nach Flätz **Brentano** Aus der Chronika eines fahrenden Schülers **Motte Fouqué** Undine **Arnim** Isabella von Ägypten **Chamisso** Peter Schlemihls wundersame Geschichte **Hoffmann** Der Sandmann **Hoffmann** Der goldne Topf
ISBN 978-3-8430-1879-1, 408 Seiten, 29,80 €

Erzählungen der Spätromantik

Im nach dem Wiener Kongress neugeordneten Europa entsteht seit 1815 große Literatur der Sehnsucht und der Melancholie. Die Schattenseiten der menschlichen Seele, Leidenschaft und die Hinwendung zum Religiösen sind die Themen der Spätromantik.

Brentano Die drei Nüsse **Brentano** Geschichte vom braven Kasperl und dem schönen Annerl **Hoffmann** Das steinerne Herz **Eichendorff** Das Marmorbild **Arnim** Die Majoratsherren **Hoffmann** Das Fräulein von Scuderi **Tieck** Die Gemälde **Hauff** Phantasien im Bremer Ratskeller **Hauff** Jud Süss **Eichendorff** Viel Lärmen um Nichts **Eichendorff** Die Glücksritter
ISBN 978-3-8430-1880-7, 440 Seiten, 29,80 €

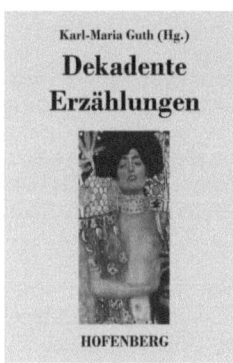

Dekadente Erzählungen

Im kulturellen Verfall des Fin de siècle wendet sich die Dekadenz ab von der Natur und dem realen Leben, hin zu raffinierten ästhetischen Empfindungen zwischen ausschweifender Lebenslust und fatalem Überdruss. Gegen Moral und Bürgertum frönt sie mit überfeinen Sinnen einem subtilen Schönheitskult, der die Kunst nichts anderem als ihr selbst verpflichtet sieht.

Rainer Maria Rilke Die Aufzeichnungen des Malte Laurids Brigge **Joris-Karl Huysmans** Gegen den Strich **Hermann Bahr** Die gute Schule **Hugo von Hofmannsthal** Das Märchen der 672. Nacht **Rainer Maria Rilke** Die Weise von Liebe und Tod des Cornets Christoph Rilke

ISBN 978-3-8430-1881-4, 412 Seiten, 29,80 €

Erzählungen aus dem Sturm und Drang

Zwischen 1765 und 1785 geht ein Ruck durch die deutsche Literatur. Sehr junge Autoren lehnen sich auf gegen den belehrenden Charakter der - die damalige Geisteskultur beherrschenden - Aufklärung. Mit Fantasie und Gemütskraft stürmen und drängen sie gegen die Moralvorstellungen des Feudalsystems, setzen Gefühl vor Verstand und fordern die Selbstständigkeit des Originalgenies.

Jakob Michael Reinhold Lenz Zerbin oder Die neuere Philosophie **Johann Karl Wezel** Silvans Bibliothek oder die gelehrten Abenteuer **Karl Philipp Moritz** Andreas Hartknopf. Eine Allegorie **Friedrich Schiller** Der Geisterseher **Johann Wolfgang Goethe** Die Leiden des jungen Werther **Friedrich Maximilian Klinger** Fausts Leben, Taten und Höllenfahrt

ISBN 978-3-8430-1882-1, 476 Seiten, 29,80 €

Erzählungen aus dem Sturm und Drang II

Johann Karl Wezel Kakerlak oder die Geschichte eines Rosenkreuzers **Gottfried August Bürger** Münchhausen **Friedrich Schiller** Der Verbrecher aus verlorener Ehre **Karl Philipp Moritz** Andreas Hartknopfs Predigerjahre **Jakob Michael Reinhold Lenz** Der Waldbruder **Friedrich Maximilian Klinger** Geschichte eines Teutschen der neusten Zeit

ISBN 978-3-8430-1883-8, 436 Seiten, 29,80 €